Max Doctor

Die Philosophie des Josef Zaddik : Nach ihren Quellen

insbesondere nach ihren Beziehungen zu den Lauteren

Brüdern und zu Gabirol

Max Doctor

Die Philosophie des Josef Zaddik : Nach ihren Quellen insbesondere nach ihren Beziehungen zu den Lauteren Brüdern und zu Gabirol

ISBN/EAN: 9783743640740

Hergestellt in Europa, USA, Kanada, Australien, Japan

Cover: Foto ©Thomas Meinert / pixelio.de

Weitere Bücher finden Sie auf **www.hansebooks.com**

BEITRÄGE ZUR GESCHICHTE DER PHILOSOPHIE DES MITTELALTERS.

TEXTE UND UNTERSUCHUNGEN.

HERAUSGEGEBEN

VON

DR. CLEMENS BAEUMKER,

O. Ö. PROFESSOR AN DER UNIVERSITÄT BRESLAU,

UND

DR. GEORG FREIH. VON HERTLING,

O. Ö. PROFESSOR AN DER UNIVERSITÄT MÜNCHEN.

BAND II. HEFT II.

DR. MAX DOCTOR, DIE PHILOSOPHIE DES JOSEF (IBN) ZADDIK, NACH IHREN QUELLEN, INSBESONDERE NACH IHREN BEZIEHUNGEN ZU DEN LAUTEREN BRÜDERN UND ZU GABIROL UNTERSUCHT.

MÜNSTER 1895.

DRUCK UND VERLAG DER ASCHENDORFFSCHEN BUCHHANDLUNG.

Die Philosophie

des Josef (Ibn) Zaddik,

nach ihren Quellen,

insbesondere nach ihren Beziehungen zu

den Lauteren Brüdern und zu Gabirol

untersucht

von

DR. MAX DOCTOR.

MÜNSTER 1895.

DRUCK UND VERLAG DER ASCHENDORFFSCHEN BUCHHANDLUNG.

INHALTSANGABE.

§. 1.

Leben und Werke.

Rabbi Josef ben Jakob (ibn) Zaddik[1]) lebte zu Cordova. Seine Geburtszeit ist nicht genau bekannt[2]); hingegen wissen wir, daß er im Jahre 1149 gestorben ist. Im Jahre 1138 wurde er zum Richter (דין) von Cordova ernannt; dieses Amt verwaltete er bis zu seinem Tode in Gemeinschaft mit Rabbi Maimun, dem Vater des großen Maimonides.

Sonst ist uns über seine Lebensschicksale nichts überliefert worden.

Bei seinen Zeitgenossen erfreute er sich wegen seiner hervorragenden Geisteseigenschaften großer Berühmtheit.

Seine Bedeutung als Talmudist geht schon daraus hervor, daß er zum geistlichen Oberhaupte einer so ansehnlichen Gemeinde, wie es Cordova war, gemacht wurde. Seine juristische resp. talmudische Gelehrsamkeit wird übrigens auch besonders, namentlich von seinem Landsmann Mose ibn Esra, [3]) hervorgehoben. Gleichwohl hat Josef kein talmudisches Werk verfaßt.

Auch der Historiograph Abraham ibn Daud (geb. um 1110,

---

[1]) Arabisch Abu Omar. Steinschneider im Catalog der hebräischen Handschriften der Bodleyana p. 1542 hält Zaddik (der Gerechte) für einen Beinamen und nicht für den Namen des Vaters.

[2]) Jellinek p. VI der Einleitung zum Mikrokosmos setzt sein Geburtsjahr in das 7. Jahrzehnt des 11. Jahrh. Er folgert es aus dem Umstand, daß Josef ein Schüler des R. Isak ben Baruch (1035—1094) genannt wird. Abraham ibn Daud im Sefer hakkabala zählt ihn unter den Zeitgenossen des R. Isak auf. Diese Notiz dürfte aber nicht zutreffend sein, da Josef bedeutend später als R. Isak lebte.

[3]) Vgl. Wolfius: Bibliotheca hebraica III. No. 959.

gest. 1180) spricht rühmend von Josef. Er nennt ihn „einen großen Gelehrten, Dichter und gottesfürchtigen Mann"[1].

Das poetische Talent Josefs preist in begeisterten Worten der Dichter Charisi (um 1218)[2].

Von Josefs weltlichen Gedichten ist uns nur ein einziges erhalten geblieben. Es ist ein Huldigungsgedicht an den berühmten Dichter Juda hallevi, der auf seiner Pilgerfahrt in's heilige Land auch Cordova berührte und von Josef, als dem geistlichen Oberhaupte, mit diesem Gedichte begrüßt wurde[3].

Josef ward aber nicht bloß als weltlicher Dichter geschätzt; auch seine synagogalen Poesien erfreuten sich grosser Beliebtheit. Indes sind nur sehr wenige auf uns gekommen[4].

Seine Berühmtheit aber verdankt Josef besonders seiner Thätigkeit auf philosophischem Gebiet. Er verfaßte eine Logik in arabischer Sprache (Alojun we'l Mudsakerat), von der uns aber nichts näheres bekannt ist, und die auch noch nicht aufgefunden worden ist[5].

---

[1]) Wolfius l. c. III. p. 849 b. und Sefer hakkabala von Abr. ibn Daud, ed. Amsterdam, p. 47 b.

[2]) „Wenn R. Josef ben Zaddik seinen Dichtergeist läßt walten,
Dann muß des Wissens Meer sich spalten,
Und können Hügel und Felsen Stand nicht halten.
Die Gewalt seiner Worte
Entrückt Berge ihrem Orte
Und verwandelt Gallenschleim
In Honigseim.
Und müßten auch die Sänger all' verzagen
Und ihren Blick beschämt zu Boden schlagen,
So dürfte Zaddik doch es wagen,
Sein Haupt frei emporzutragen."
Vgl. Kämpf: Nichtandalusische Poesie andalusischer Dichter. Prag 1858, Bd. I, S. 13.

[3]) Es findet sich im Divan des Juda hallevi; vgl. B'thulath bath J'huda von Luzatto. Prag 1840. p. 58, übersetzt von Geiger: Divan des Castiliers Abu'l Hassan Juda hallevi. Breslau 1851. S. 87, und von Kämpf a. a. O. S. 273. Daselbst findet sich auch die Antwort Juda hallevi's, der dem Josef außerordentliches Lob spendet. Siehe auch Sachs: Religiöse Poesie der Juden in Spanien. Berlin 1845. S. 289.

[4]) Zunz: Zur Geschichte der synagogalen Poesie, S. 216 kann nur einiges von ihm nachweisen.

[5]) Er verweist auf sie p. 6 des Mikrokosmos.

Sein Hauptwerk aber ist der Mikrokosmos. Aus der eigentümlichen Sprache geht mit ziemlicher Sicherheit hervor, daß er ursprünglich arabisch geschrieben wurde. Wir besitzen eine hebräische Übersetzung des Werkes durch Mose [1]) (der Name des Vaters ist in der Hamburger Handschrift nicht genannt).

Der hebräische Titel wird verschieden citiert; nämlich:

ספר העולם הקטן: ס' עולם קטן: ס' עולם הקטן:

Handschriften sind folgende vorhanden:

In Oxford: Bodleyana Uri 78 (defekt).

Oppenheim 1170. [O].

Michael 575 (Copie des Hamburger Codex).

In Hamburg: Stadtbibliothek 53 b. [H].

In München: 65. [M].

In Parma: De Rossi 1174. [P].

§. 2.

Litteratur.

Im Mittelalter scheint der Mikrokosmos wenig studiert worden zu sein; wenigstens finden wir ihn nur sehr selten citiert. In neuerer Zeit wurde ihm mehr Interesse zugewendet, wovon eine ziemlich umfangreiche Litteratur über dies Werk und seinen Verfasser Zeugnis ablegt. Die gesamte Philosophie Josefs ist noch wenig behandelt worden, während ein-

---

[1]) Jellinek folgert aus dem Namen Mose, der sich im Schlußgedicht des cod. H findet, den berühmten Übersetzer Mose ibn Tibbon, ohne dies jedoch ausreichend belegen zu können.

Steinschneider -- a. a. O. -- weist diese Ansicht entschieden zurück; ebenso Reifmann im „Magazin für die Wissenschaft des Judentums". Berlin 1878. V, S. 35. Dort wird erklärt: „Der Name Mose am Schluß des Gedichtchens bezeichnet gewiß den Schüler, für den er die Schrift verfaßt haben mag (wie er im Anfange der Schrift näher erklärt) und für den er betet, daß (nach der biblischen Stelle im Exodus 17, 12) die schweren Hände Moses gestärkt werden mögen."

Steinschneider: Hebräische Übersetzungen des Mittelalters. Berlin 1893. S. 409 hält Nachum hamaarabi für den Übersetzer und bringt für die Ansicht einige Belege.

zelne Partien derselben eingehenden Untersuchungen unterzogen
worden sind.

Kurze Nachrichten über Josef erhalten wir durch Maimonides in seinem Briefe an den berühmten Übersetzer Samuel
ibn Tibbon. Dort heißt es [1]: „Was das Buch Mikrokosmos
betrifft, das R. Josef hazaddik verfaßt hat, so habe ich es nicht
gesehen, doch ich kannte den Mann und seinen Vortrag und
habe seinen hohen Wert und den Wert seines Buches erkannt, in dem er doch unzweifelhaft der Methode der lauteren
Brüder [2] gefolgt ist.“

In knappen Worten berichtet uns Abraham ibn Daud in
seinem „Sefer hakkabala" [3] über die Amtszeit und die Persön-
lichkeit Josefs. Eine gelegentliche Notiz findet sich auch in
Zakuto's „Sefer Jochasin“ [4].

Abgesehen von zerstreuten Hinweisungen auf Josef von
seiten einiger jüdischer Schriftsteller aus dem 12—14ten Jahrhundert [5], die den Mikrokosmos zum Teil benutzt haben, ist
hiermit die hebräische Litteratur über unsern Autor erschöpft.

Die erste und einzige Ausgabe [6] des Mikrokosmos wurde
von Jellinek besorgt; derselben geht eine litterar-historische Einleitung voran. Nach einigen Bemerkungen über die Bedeutung

---

[1] Sefer p'er hador p. 28 b. = Kobez II. p. 28 b. col. 2. und Cod. 92.
III. des Breslauer jüd.-theol. Seminars.

[2] Durch ein Mißverständnis des Übersetzers der ursprünglich arabisch
geschriebenen Briefe des Maimonides wurde Josef zu den Anthropomorphisten
gezählt, denn in diesem Briefe heißt es: er folgt unzweifelhaft der Methode der
בעלי התארים (= Attributisten). Geiger hat aus der Lesart des Cod. 92.
III. des Breslauer Seminars nachgewiesen, daß an dieser Stelle von den lauteren Brüdern die Rede ist.
Über dieses Mißverständnis und seine Folgen vgl. Kaufmann: Geschichte
der Attributenlehre in der jüd. Religions-Philosophie. Gotha 1877. S. 335.
Anm. 206.

[3] Siehe oben S. 1.

[4] ed. Filipowski, London und Edinburg 1857. p. 220. b. Es ist ein
Auszug aus Mose ibn Esra's „Schrift der Unterredung und Erinnerung“, worin
über die Träger der jüdisch-spanischen Litteratur ausführlich berichtet wird.
Vgl. Grätz: Geschichte der Juden. Bd. VI. Note 1.

[5] p. VIII ff. des Mikrokosmos.

[6] Der Mikrokosmos. Ein Beitrag zur Religions-Philosophie und Ethik.
Leipzig 1854. Diese Edition wimmelt von Druck- und Schreibfehlern, so
zwar, daß eine Benutzung derselben in dieser Form die größten Schwierig-

der jüdischen Litteratur in Spanien, wird darin über das Leben
und die Schriften des Autors, über die Zeugnisse späterer Schriftsteller über ihn, über den Begriff des Mikrokosmos, die religiösen Zustände der Juden zur damaligen Zeit, über den Cha-
rakter des Werkes, die Übersetzung und über die Handschriften,
meist in aphoristischer Form, gehandelt.

Vieles ergänzte B. Beer in seiner eingehenden Recension [1]),
worin er zunächst ausführlich über die Entwickelung des Be-
griffes „Mikrokosmos" und in einer gedrängten Inhaltsangabe
über das Werk selbst spricht.

Bibliographische Notizen über den Mikrokosmos finden wir
in Wolfius: Bibliotheca hebraica [2]); ferner bei De Rossi: Dizio-
nario Storico (Historisches Wörterbuch der jüdischen Schriftsteller) [3]), außerdem auch noch in Steinschneider's [4]) und Neu-
bauer's [5]) Catalog der hebräischen Handschriften der Bodleyana
und in der hebr. Bibliographie von Fürst [6]).

Kurze Biographien und Inhaltsskizzen geben: Steinschneider
in Ersch und Gruber's Realencyclopaedie [7]); Beer in: Philosophie und philosophische Schriftsteller der Juden [8]); Kämpf:
Nichtandalusische Poesie andalusischer Dichter [9]); Jost: Geschichte des Judentums und seiner Sekten [10]); Grätz: Geschichte
der Juden [11]).

---

keiten bereitet. Eine Vergleichung mit dem Hamburger Codex, aus dem diese
Ausgabe stammt. ergab zahlreiche Entstellungen im Druck; Fortfall ganzer
Zeilen durch Homoioteleuten kommt sehr häufig vor.

Auch die p. XVII ff. angeführten Varianten nach cod. M sind mit
geringer Sorgfalt und Zuverlässigkeit zusammengestellt.

Nach vieler Mühe gelang es mir, eine Collation nach dem Oxforder
codex Oppenheim 1170 zu erhalten. Viele Lesarten, die H aufweist, werden
durch O bestätigt; ganz bedeutend ist die Anzahl der besseren Lesarten.

[1]) Frankel's Monatsschrift. Leipzig 1854. Bd. III. S. 159 ff. und 197 ff.
Die Recension ist auch als Sonderabdruck erschienen.

[2]) Hamburg 1815—33. Bd. III. 849. b.

[3]) Übersetzt von Hamberger. Bautzen 1839. S. 33.

[4]) Berlin 1852—60. p. 1542 ff.

[5]) No. 1331; fol. 97 und 474.

[6]) Bd. III. S. 354.

[7]) Bd. 31; S. 103 ff.

[8]) Leipzig 1852. S. 70.

[9]) S. 164.

[10]) Leipzig 1858. Bd. II. S. 84.

[11]) Bd. VI. S. 125 ff. Leipzig 1861.

Über Josef, sein Werk, die Manuskripte, die Übersetzung und
deren Autorschaft [1]), sowie über die Litteratur über unsern Autor
handelt Steinschneider in seinem neuesten gelehrten Werk „Die
hebräischen Übersetzungen des Mittelalters" [2]).

Die Autorschaft Josefs suchte Weinsberg zu bestreiten ;
ein Versuch, der als durchaus mißglückt zu bezeichnen ist [3]).

Eine Analyse des Mikrokosmos giebt M. Eisler im jüdischen
Centralblatt [4]) in gedrängter Form und in sehr populärer Weise
Die Eigentümlichkeiten der Philosophie Josefs treten nicht klar
genug hervor; außerdem mangelt der Darstellung jegliche historisch-kritische Grundlage.

Soweit die Litteratur, welche über Josef selbst und sein
Werk im allgemeinen handelt. Von den Schriften, in denen einzelne Materien bearbeitet werden, seien die folgenden genannt [5]).

Eine ausführliche und gründliche Behandlung der Attributenlehre giebt uns Kaufmann [6]). Der Teil, welcher über die
Attributenlehre im Mikrokosmos handelt — zugleich wegen der

---

[1]) Vgl. Magazin für die Wissenschaft des Judenthums V, S. 35.

[2]) Berlin 1893. S. 407 ff.

[3]) Ein angeblich im 12. Jahrh. von Jos. ibn Zadik verfaßtes philosophisches System nach seiner Echtheit untersucht. Breslau 1888. Vgl. dazu
Krakauer's Recension in Rahmer's Jüdischem Litteraturblatt Magdeburg
1889. No. 18, 19 u. 20.

[4]) Herausgegeben von Grünwald; 1887. VI. Jahrg. Heft 1 S. 153 (bei
Steinschneider „Hebr. Übersetzungen" a. a. O. nicht ganz richtig citiert) und
Augustheft S. 24.

[5]) Wir sehen hierbei von der poetischen Thätigkeit Josefs ab; vgl.
Sachs: Die religiöse Poesie der Juden S. 289. Zunz: Zur Geschichte der
synagogalen Poesie S. 216 Kämpf a. a. O.

[6]) Geschichte der Attributenlehre in der jüdischen Religions-Philosophie des Mittelalters. Gotha 1877. S. 255—337. Manches, was H richtig
liest, was im Druck aber corrumpiert ist, wird emendiert und findet dann
seine Bestätigung durch H; p. 47, 11 hat H die allerdings in die Augen
springende Lesart הַמִּדּוֹת ; ferner liest p. 48, 6. v. u. H wie O, welch
letztere Lesart Kaufmann annimmt. Die p. 47, 14 durch Homoioteleuton ver-
derbte Stelle liest H ebenfalls wie O.

Einzelne Richtigstellungen nebst anderen recht wertvollen Notizen
über den Mikr. finden sich in den Recensionen über die „Attributenlehre".
Vgl. Brüll: Jahrbücher für jüdische Geschichte u. Litteratur. IV. S. 137; 146 ff.
u. Magazin a. a. O. S. 52.

schlechten Beschaffenheit des Textes der schwierigste —, ist vielleicht der beste des trefflichen Buches.

Das Ethische im Mikrokosmos wird von Rosin: Ethik des Maimonides [1]), klar und übersichtlich dargestellt.

Über die Bibelexegese im Mikrokosmos schrieb Bacher: Die Bibelexegese der jüdischen Religions-Philosophen [2]).

Die Willensfreiheit behandelte Knoller: Problem der Willensfreiheit in der jüdischen Religions-Philosophie [3]).

Die Prophetie erwähnt Sandler: Problem der Prophetie in der jüdischen Religions-Philosophie [4]).

Kurze Hinweisungen auf unseren Autor finden sich: in der Zeitschrift „Orient" [5]) (daselbst ist das betreffende Kapitel des Mikrokosmos „über Gottes Selbstgenugsamkeit" zum ersten Male abgedruckt und behandelt); ferner in der hebräischen Zeitschrift Kerem chemed, wo von Jellinek selbst einige Konjekturen vorgeschlagen werden [6]), und bei Schmiedl: Studien über jüdische, insonders jüd.-arabische Religionsphilosophie, bezüglich der Psychologie des Mikrokosmos [7]).

Auch Überweg - Heinze: Grundriß der Geschichte der Philosophie, erwähnt Josef [8]).

§. 3.
Zweck, Charakter und Ausgangspunkt des Mikrokosmos.

Bei der Abfassung seines Werkes hatte Josef namentlich seine Zeitgenossen im Auge, die er als unwissend, indifferent und leidenschaftlich schildert [9]). Durch eine leichte Methode, durch populäre Darstellung sie zur Erkenntnis der höchsten

---

[1]) Jahresbericht des jüd.-theol. Seminars. Breslau 1876; S. 17 u. 18. Vgl. die Recension in der Zeitschrift der deutschen morgenländischen Gesellschaft 1876. S. 364 ff. und Brüll a. a. O. S. 153.

[2]) Jahresbericht der Landes- Rabbiner-Schule Budapest. 1892. S. 99—105.

[3]) Dissertation. Breslau 1884. S. 50—53.

[4]) Dissertation. Breslau 1891. S. 46 f.

[5]) Herausgegeben von Fürst. Jahrg. 1849. S. 283. (Litteraturblatt.)

[6]) Bd. VIII. S. 93 u. 97.

[7]) Wien 1869. S. 145 u. sonst.

[8]) 7. Aufl. S. 216. Einzelne Notizen giebt auch noch Kaufmann in seinen Werken: „Die Spuren Al-Baṭlajûsis in der jüd. Rel.-Philosophie. Budapest 1880. S. 34." und „Die Sinne. Beiträge zur Geschichte der Physiologie und Psychologie im Mittelalter". Budapest 1884.

[9]) p. 1, 9. p. 43, 2—5; p. 74.

Wahrheit zu erheben, das ist der Zweck der Schrift. Ihn hat er dadurch am besten zu erreichen gesucht, daß er seine Philosopheme nicht in trockener, rein theoretischer Weise darstellt [1]), sondern in großen Zügen einen Abriß der gesamten Zeitphilosophie auf neuplatonischer Grundlage giebt, ohne sich jedoch streng an ein philosophisches System zu halten und dessen Anwendung auf die mosaische Religion durchzuführen.

Das Werk ist, abgesehen davon, daß die meisten damals gangbaren Philosopheme darin wiedergefunden werden [2]), auch darum interessant, weil es zu den ersten der jüdisch-arabischen Epoche und, wie die „Emunoth w'deoth" Saadja's, zu denjenigen rabbanitischen Büchern gehört, welche die Ansichten eines Karäers [3]) einer Erörterung würdigen.

Es zeigt auch deutlich den Übergang vom jüdischen Kalam [4]) — den Saadja besonders zur Blüte gebracht hat — zum jüdischen Aristotelismus [5]), der im Maimonides seinen Hauptvertreter gefunden hat.

Ebensowenig wie Josef [6]) einen Gegensatz zwischen Wissen und Glauben kennt [7]), indem er sagt: „Wir sollen nach

---

[1]) In der Darstellung befleißigt er sich der knappsten und kürzesten Form, da eine lange und tiefsinnige Discussion den Anfänger — denn für einen solchen ist das Buch bestimmt — nur mit Abneigung gegen die Philosophie erfüllen würde (p. 2, 20). Oft unterbricht er den Gang der Erörterung durch den Hinweis auf die beabsichtigte Kürze.

[2]) Der damaligen Sitte gemäß werden die Urheber derselben nicht namentlich genannt.

[3]) Josef Albassir und dessen Schrift Mansuri. Mikr. p. 43, 31 und 46, 11; vgl. Frankl: Ein mutazilitischer Kalam S. 8 und 9.

[4]) Die Mutakallimun haben sich die Aufgabe gestellt, die Dogmen der geoffenbarten Religion gegen die Doctrinen der Philosophie zu verteidigen. Ihre Wissenschaft, die im 2. Jahrhundert der Hedschra blühte, hieß der Kalam (arab. עלם אלכלאם, hebräisch חכמת הדבר, die Wissenschaft des Wortes — oder auch Logik).

Über die Bedeutung und den Sinn dieser Ausdrücke bestanden schon bei den älteren arabischen Schriftstellern verschiedene Erklärungen. Vgl. Weil: Historisch-kritische Einleitung in den Koran S. 116 und Schmiedl Studien S. 136 ff.

[5]) Ebenso Saadja: Emunoth ed. Leipzig. S. 7. Maimonides: Moreh 1, 50.

[6]) Vgl. Schmiedl a. a. O. S. 261 ff.: Was hat den Aristotelismus in der jüd. Religions-Philosophie so populär gemacht?

[7]) Seit Maimonides wütete ein heißer Kampf über die Stellung des Wissens zum Glauben.

Gotteserkenntnis streben und forschen, das ist fromm; daß wir
aber nicht alles erkennen können, liegt an der Beschränktheit
unseres Geistes" [1]), ebensowenig läßt er die Ansicht gelten, daß
die höchste Erkenntnis sich nicht mit naiv-inniger Frömmigkeit vereinigen könne: sagt er doch: „Jeder wahrhaft Vernünftige
muß wahrhaft gläubig sein; denn die Erkenntnis führt zu Gott
und seinen Geboten; der wahrhaft Fromme ist aber auch wahrhaft vernünftig, — denn nur durch die höchste Vernunftthätig-
keit kann er zur echten Frömmigkeit gelangen" [2]).

Der Mikrokosmos ist durchaus kein geschlossenes System
neuer Gedanken; das wollte Josef auch gar nicht schaffen. Es
ist aber auch kein buntes, zusammenhangloses Gemisch, sondern
überall zeigt sich der Eklekticismus eines mit Wahl und Prüfung
verfahrenden Denkers. Die Gedanken, die er aus einer Quelle
schöpft, entkleidet er der ihnen eigentümlichen Färbung, löst
sie aus ihrer Verbindung, um sie dann selbständig zu verar-
beiten und ihnen eine solche Fassung zu geben, daß sie als sein
Eigentum erkannt werden.

Bei den einzelnen Beispielen wird dies im folgenden noch
begründet und zugleich dargethan werden, mit welch kritischer
Sichtung er bei der Benutzung seiner Quellen verfahren ist.

Mit großem Geschick wußte er denjenigen Ansichten aus-
zuweichen, die eine Inconsequenz in seiner Philosophie oder in
seiner religiösen Überzeugung hätten herbeiführen können. Auch
in der Ausscheidung des Vorgefundenen zeigt er sich als her-
vorragender Denker [3]).

Zum Mittelpunkte seiner Philosophie macht Josef die Lehre
vom Mikrokosmos, nach dem er auch sein Werk benennt.

In welcher Weise er hierbei verfährt, wie er den Gedanken
verwertet und für seine Philosophie nutzbar macht, wird noch
im folgenden beleuchtet werden.

Bevor wir uns zu unserer eigentlichen Untersuchung wen-
den, erachten wir es noch für notwendig, die Quellen des Mikrokosmos einer Betrachtung zu unterziehen.

---

[1]) p. 8 etc. p. 47.

[2]) p. 67 und sonst. Über Josefs Ansicht von den Attributen Gottes
siehe Kaufmann: Attributenlehre S. 255 ff.

[3]) Das Urteil von Grätz a. a. O. S. 127, der ihn als mittelmäßigen
Denker bezeichnet, ist denn doch etwas zu hart.

§. 4.

Die Quellen des Mikrokosmos.

Bei der Untersuchung der Quellen für die Philosophie Josefs ergiebt sich, daß er namentlich von der Philosophie der Griechen nicht unbedeutende Kenntnisse gehabt haben muß.

Abgesehen nämlich von der heiligen Schrift, die er als Quelle insofern benutzt, als er deren Aussprüche zum Belege seiner philosophischen Ansichten mit großem Geschicke verwendet [1]), finden wir, daß Josef die Lehrmeinungen vieler alten Philosophen gekannt und benutzt hat.

Allerdings läßt sich nicht immer ermitteln, welcher Philosoph gerade mit der oder jener Andeutung gemeint sei, zumal sich auch nicht annehmen läßt, daß Josef aus den Originalwerken geschöpft habe. Seine Kenntnisse dürfte er vielmehr den arabischen Bearbeitungen der griechischen Philosophie zu verdanken haben. Dadurch ist manche Unsicherheit inbezug auf die Feststellung des Autors einer philosophischen Idee entstanden.

Wir gehen in diesem Abschnitt nur auf diejenigen Autoren ein, die Josef ausdrücklich citiert, und verweisen inbetreff der übrigen Quellen auf die nachfolgende Erörterung.

Zunächst wollen wir die nicht namentlich genannten Philosophen anführen und — soweit dies möglich ist — ihre Namen ermitteln.

a) Ungenannte Philosophen.

Bei der Erwähnung [2]) der platonischen Ideenlehre werden „die alten Philosophen" (ה_חכמים הקדמונים) und bei der Lehre von der Unerfaßbarkeit des Wesens und der Eigenschaften Gottes [3]) die „Mehrzahl der Alten" (רוב הקדמונים) angeführt.

Unter diesem Namen (= oἱ παλαιοί, oἱ ἀρχαῖοι) waren viele Äußerungen der alten griechischen Philosophen bei den Arabern verbreitet.

So werden unter gleichem Namen bei Schahrastani [4]) Ansichten des Socrates und Xenophanes [5]) vorgetragen.

---

[1]) Vgl. Bacher: Bibelexegese S. 98 ff.

[2]) Mikrokosmos p. 39 z. 18.

[3]) p. 55 Z. 18.

[4]) Übersetzung von Haarbrücker II S. 111.

[5]) Das. II, S. 130. Über die Unerfaßbarkeit des göttlichen Wesens

Über Gottes Unerkennbarkeit äußerte sich [1] „einer der Philosophen" (אחד מן החכמים).

Unter „Philosoph" $\kappa\alpha\tau'$ $\dot{\epsilon}\xi o\chi\acute{\eta}\nu$ (הפילוסוף) ist meist Aristoteles zu verstehen. So z. B. folgt Josef [2] dem Aristoteles [3]), wenn er von den Sinnen sagt, daß sie nur das Einzelne wahrnehmen, daß sie nur die an der Substanz auftretenden Eigenschaften, die Accidentien — nicht die Substanz selbst — zeigen. [4])

An einer Stelle sagt der Philosoph: „Alles, dem Vollkommenheit auf einmal gegeben wurde, ist unvergänglich, da bei ihm Anfang und Ende zusammenfallen" [5]).

Wenn ferner Josef [6] hinsichtlich der Elemente dem „Philosophen" die Lehre zuschreibt, daß das Vergehen und die Veränderung nur ihnen in ihren Teilen zukomme, so läßt sich auch hierfür Entsprechendes bei Aristoteles nachweisen. Derselbe lehrt ausdrücklich [7]), daß zwar einzelne Teile des einen Elementes in das andere Element sich wandeln, daß aber die Gesamtmenge ($\acute{o}$ $\pi \tilde{\alpha}\varsigma$ $\ddot{o}\gamma\kappa o\varsigma$) bei einem jeden Elemente die gleiche bleibe.

Die Definition der Seele [8]) ist dem Aristoteles [9]) wörtlich entlehnt.

äußert sich auch der neuplatonische „liber de causis". Vgl. Bardenhewer: Die pseudo-aristotelische Schrift Über das reine Gute, bekannt unter dem Namen Liber de causis. Freiburg i. Br. 1882 S. 69 ff. Haneberg: Sitzungsberichte der k. bayr. Akademie 1863 I, S. 378 ff. und S. 381. Näheres siehe: Kaufmann: Attributenlehre S. 324 Anm. 186 und Rosin: Ethik des Maimonides 96 Anm. 2.

[1]) p. 47 z. 5. Siehe dazu Kaufmann a. a. O. S. 277 Anm. 75, der ähnliche Äußerungen bei Mose ibn Esra nachweist.

[2]) p. 4 Z. 12.

[3]) Vgl. Zeller, Philosophie der Griechen II ³ 2 S. 198.

[4]) Siehe Kaufmann: Die Sinne S. 54.

[5]) p. 17 Z. 7;

[6]) Mikrokosmos p. 17. Z. 25.

[7]) Meteorologie 2, 3 p. 358 b 29.

[8]) p. 36 Z. 22.

[9]) de anima II ʼI. 412 b 4: $\psi v \chi \acute{\eta}$ $\dot{\epsilon}\sigma\tau\iota v$ $\dot{\epsilon}v\tau\epsilon\lambda\dot{\epsilon}\chi\epsilon\iota\alpha$ $\acute{\eta}$ $\pi\varrho\acute{\omega}\tau\eta$ $\sigma\acute{\omega}\mu\alpha\tau o\varsigma$ η $\varrho o\iota\kappa o\tilde{v}$ $\dot{o}\varrho\gamma\alpha v\iota\kappa o\tilde{v}$ $\zeta\omega\grave{\eta}v$ $\ddot{\epsilon}\chi o v\tau o\varsigma$ $\delta v v\acute{\alpha}\mu\epsilon\iota$.

Ebenso lautet es bei Josef: הנפש שהי' עצם מתמים לגוף טבעי כלי בעל חיות בכח

Wir finden diese Definition wörtlich bei fast allen jüdischen Religionsphilosophen vor. Z. B. lautet sie bei Saadja שלמות לגשם טבעי (vgl.

Guttmann: Die Religionsphilosophie des Saadja S. 195 Anm. 3, ferner im

In der Lehre über die Sphären [1]) führt er den „Aristoteles und seine Schrift „de coelo" (הפילוסוף בספר השמים והעולם) ausdrücklich an.

Dagegen ist jedenfalls unter dem „Philosophen" [2]), der da sagt: „Ich begehre das Wasser und ich enthalte mich desselben, je nach dem größten Nutzen" — Sokrates zu verstehen [3]).

In der sog. „Theologie des Aristoteles" [4]) findet sich ein Anklang an den Ausspruch des „Philosophen": Sterbet durch Euren Willen und lebet durch Eure Natur. [5])

Vielleicht wird auch in einer anderen pseudo-aristotelischen, von neuplatonischen Ideen erfüllten Schrift dem Aristoteles die Lehre zugeschrieben [6]), daß die negativen Attribute Gottes wahrer sind als die positiven.

Häufig finden wir auch im Mikrokosmos „die Philosophen" (הפילוסופים) citiert; so z. B. heißt es von ihnen [7]), daß sie die Philosophie als Selbsterkenntnis definieren. Die Autoren dieser Lehre sind die dem Plotin folgenden lauteren Brüder [8]).

Sie lehren auch [9]), daß nur den zwei niederen Stufen der Seele eine Abhängigkeit vom Temperament zukomme.

Daß nur der Prophet [10]) die Ursache der Ursachen erkennen könne, ist ebenfalls eine ihrer Lehren.

Kusari des Juda halevi V. 12: הנפש שלמות לגשם טבעי כלי בעל חיות בכח. Genau so lautet die Definition auch bei Abraham ibn Daud: Emuna rama ed. Weil p. 21 Z. 10.

[1]) p. 10 Z. 29.

[2]) p. 37 Z. 1.

[3]) Etwas Ähnliches siehe bei Steinschneider: Pseudepigraphische Literatur S. 44.

[4]) Übersetzt von Dieterici. Leipzig 1883. S. 8.

[5]) Mikrok. p. 41 Z. 17.

[6]) p. 56 Z. 16. Vgl. Kaufmann: Attributenlehre S. 390. Anm. 198. Über die Geschichte dieser Lehre siehe näheres in dessen Theologie des Bachja S. 77 Anm. 2.

[7]) p. 2 Z. 14.

[8]) Vgl. Dieterici: Anthropologie S. 1.

[9]) Ebd. S. 58 u. 59 und Mikrok. p. 19 Z. 20.

[10]) p. 20 Z. 26. Auch bei Mose ibn Esra und bei Bachja sind unter הפילוסופים die lauteren Brüder zu verstehen. Vgl. Kaufmann: Theologie des Bachja S. 18 Anm. 1.

Daß der Körper Substanz [1]) sei, ist eine so geläufige Lehre, daß Josef als deren Autor nur schlechthin die „Philosophen" angiebt.

Platonisch gefärbt ist die Lehre von den vier Eigenschaften, welche zur Glückseligkeit führen [2]). Josef leitet sie auch aus der heiligen Schrift [3]) her.

Die Lehre von den drei kosmischen Bewegungen [4]) „von, zum und um den Mittelpunkt" ist aristotelisch. [5])

In seinen Ansichten über die intelligibele Welt [6]) folgt Josef vollkommen den Neuplatonikern.

Bei der Erörterung der Lehre vom Willen [7]) erklärt Josef, er wolle sich kurz fassen, da diese Frage von den „Philosophen" [8]) schon vielfach untersucht worden sei.

Auf Ibn Sina (Avicenna) [9]) ist vielleicht der Ausspruch zu beziehen, daß Gott notwendig existierend ist, die Geschöpfe aber nur möglich seien.

Unter den „Philosophen" p. 9 sind die Peripatetiker zu verstehen. [10])

---

[1]) p. 10 Z. 9.

[2]) p. 38 Z. 11.

[3]) Zephanja 2, 3.

[4]) p. 15 Z. 26.

[5]) de coelo I, 3.

[6]) p. 39 Z. 17 ff.

[7]) M. p. 51 Z. 29. Vgl. S. 14 u. 47 ff. dieser Arbeit.

[8]) Vgl. Schahrastani (Haarbrücker II, S. 127), wo die Lehre des Thales und des Empedocles vom Willen dargestellt wird.

Es ist eine ganz merkwürdige Übereinstimmung, wenn es a. a. O. heißt: Die Lehre des Platon und Aristoteles ist an sich dieselbe und im einzelnen ein verschlossenes Ding. Josef sagt nämlich p. 51: וכל זה בדבר עמוק ומלים מסוגרים.

[9]) p. 42 Z. 19. Vgl. Schahrastani übers. von Haarbr. II. S. 252 und Kaufmann: Attributenlehre S. 333 Anm. 204.

[10]) Herr Professor Kaufmann, an den ich mich wegen Erklärung dieser verderbten Stelle wandte, hatte die Güte mir mitzuteilen, „daß der Passus durch Vergleich mit Abraham ibn Daud's Emuna rama p. 11 etwas an Klarheit gewinnen dürfte. Die Frage bezieht sich auf den Gebrauch des Wortes עצם für Körper und die Einzeldinge (אישים) im Gegensatz zu den Gattungen, Ideen, die allein den Namen Substanz verdienen." Die Lesarten der verschiedenen Codices divergieren an dieser Stelle indessen derart, daß eine einleuchtende Erklärung uns vorläufig noch unmöglich ist.

Abgesehen von den bis jetzt besprochenen Philosophen (הפילוסופים), kommt derselbe Ausdruck sogleich im Anfang des Mikrokosmos noch einmal in etwas bestimmterer Fassung vor; offenbar sind daselbst [1]) mit הפילוסופים הטהורים die lauteren Brüder gemeint. [2])

b) Mit Namen genannte Philosophen.

Auf Empedocles (בֵּנְדֵקְלִים) verweist Josef ausdrücklich jeden, der sich mit der Lehre vom göttlichen Willen befassen wolle [3]).

Von der Lehre des Empedocles hat uns nur Schahrastani [4]) einiges überliefert. Unter dem Namen des Empedocles müssen aber bei den Arabern einige Schriften verbreitet gewesen sein, deren Unechtheit selbstverständlich ist [5]).

Von seiner Lehre über den Willen, auf die übrigens auch Falaqera im Vorwort zu seiner Übersetzung ausgewählter Stellen aus Gabirol's „Lebensquelle" verweist, ist uns sonst nichts bekannt [6]).

Von Platon (אפלאטון) [7]) wird die aus Diogenes Laertius [8]) bekannte Anekdote vom geistigen Schauen erzählt.

Auch als Verfasser eines Gebetes in seinen νόμοι (נימוסים; מנהגים) wird er von Josef genannt [9]).

Der Philosoph Platon (הפילוסוף אפלאטון) hat nach Josef [10]) gelehrt: Die Kenntnis dreier Dinge ist dem Volke förderlich: 1. Gott ist der Schöpfer des All's, unter seinem Schutz

---

[1]) Mikrokosmos p. 2 Z. 2.

[2]) Vgl. Reifmann in Berliner's Magazin V S. 35.

[3]) Mikrok. p. 52.

[4]) Haarbrücker S. 91. Vgl. auch S. 127. Siehe auch Kaufmann: Attributenlehre S. 309 Anm. 153; Guttmann: Philosophie Gabirols S. 25 Anm. 2; 33; 34; 43 Anm. 9; 50. Vgl. auch weiter unten S. 48 f.

[5]) Vgl. Wenrich: De auctorum Graecorum versionibus et commentariis Syriacis, Arabicis Armeniacis, Persicisque commentatio. Leipzig 1842. p. 91.

[6]) Munk: Mélanges de philosophie juive et arabe. Paris 1859. p. 3.

[7]) p. 35 Z. 26.

[8]) VI, 53.

[9]) p. 51 Z. 22. Näheres siehe bei Kaufmann a. a. O. S. 302 Anm. 138; bei Guttmann a. a. O. S. 34 und bei Steinschneider: Zur pseudepigraphischen Litteratur S. 51 ff.

[10]) p. 63 Z. 4.

und Gebot steht alles; 2. es ist ihm nichts verborgen, 3. Gott hat an guten Thaten mehr Wohlgefallen als an Opfern.

Aristoteles wird ebenfalls und zwar als Verfasser der Topik (אריסטו בספר טוביקי) citiert[1]); an dieser Stelle wird zugleich ein Passus ausdrücklich als der Topik wörtlich entnommen bezeichnet, der aber schwerlich in derselben zu finden sein dürfte[2]): „wer das, was er mit gesunden Sinnen wahrgenommen hat, leugnet, ist wert, daß man ihn ins Gefängnis sperre und ihn geißele".

Aristoteles wird auch als Urheber der Lehre über die „allgemein verbreiteten Ansichten" genannt ($\tau\grave{\alpha}$ $\ddot{\epsilon}\nu\delta o\xi\alpha$ = מפורסמות) [3]).

Von Claudius Galenus [4]) (גלינוס) wird erwähnt, daß er die Ansicht vertreten habe, die Pflanzenseele sei ein göttliches Vermögen [5]).

Bemerkenswert ist auch die Erwähnung [6]) des syrischen Gnostikers Bardesanes (ריצאן). Dieser lehre nämlich: „Von einem Dinge können nicht zwei Gegensätze hervorgehen. Der Schöpfer der guten Dinge ist darum bis ins Unendliche der Schöpfer des Guten und des Lichtes, der Schöpfer der schlechten Dinge der unaufhörliche Schöpfer der Finsternis und des Schlechten und keiner von Beiden hat etwas hervorgebracht, von dem nicht der andre das Gegenteil hervorgebracht hätte."

Schließlich werden auch noch die Mutakallimun (המדברים) hin und wieder citiert. Er bekämpft ihre Ansicht, daß die Seele ein Accidens und der Körper Substanz [7]) oder eine Summe von Substanzen sei [8]).

Gegen den mu'tazilitischen Karäer Abu Jakub Josef al Basir und dessen Lehren in seinem Buche Manzuri polemisiert er, wie

---

[1]) p. 5 Z. 19.

[2]) Auch Kaufmann in seiner Schrift: „Die Sinne" S. 55 Anm. 52 verifiziert diese Äußerung nicht.

[3]) p. 5.

[4]) Er war Arzt und Philosoph und lebte von 131—200 n. Chr. Bei den Arabern war er unter dem Namen Gallanus bekannt.

[5]) p. 25 Z. 30.

[6]) p. 49 Z. 20.

[7]) p. 33 Z. 31.

[8]) p. 35 Z. 10.

Kaufmann nachweist, ungemein heftig und scharfsinnig [1]). Trotz dieser Polemik aber entlehnt er doch — was bei seinem entgegengesetzten religiösen Standpunkte recht merkwürdig ist — manches Argument seiner Beweisführung dem Kalam [2]) und und stimmt sogar [3]) bei der Lehre vom göttlichen Willen mit Albasir überein.

§. 5.
Josefs Beziehungen zu den lauteren Brüdern und zu Salomo ibn Gabirol.

Josef steht vollkommen unter dem Einfluß der zu seiner Zeit im arabischen Orient allgemein herrschenden Lehre [4]), die im wesentlichen eine Verschmelzung von neuplatonischen und neupythagoreischen Philosophemen, unter Aufnahme einiger Aristotelischer Begriffe, repräsentiert. Als Hauptvertreter dieser Richtung kennen wir, soweit die uns erhaltene Litteratur in Betracht kommt, die lauteren Brüder und Gabirol. Eine direkte Abhängigkeit Josefs von ihnen bleibt trotz vieler inhaltlicher Übereinstimmungen ungewiß; indes wenn wir Josefs Stellung zu jener Richtung darlegen wollen, können wir uns nur an Gabirol und die lauteren Brüder, als die noch vorhandenen Vertreter, halten. Offenbar hat Josef als eigentliche Quellen Schriften, wie die des Pseudo-Empedocles — die er ausdrücklich erwähnt [5]) — und solche des Pseudo-Aristoteles benützt.

Wenn nun eine Übereinstimmung der Lehren Josefs mit denen Gabirols und der l. Brüder sehr häufig erkennbar ist, so muß man zunächst annehmen, daß sie aus derselben Quelle geschöpft haben.

Belehrend ist hierfür eine Stelle im fons vitae des Gabirol [6]),

---

[1]) p. 43 Z. 30 und p. 46 Z. 11 ff. Vgl. Kaufmann 259 ff.

[2]) p. 47. Kaufmann S. 280.

[3]) p. 51 Z. 32 und Kaufmann 303 Anm. 142.

[4]) In religiösen Dingen folgt er namentlich Saadja und Bachja. Kaufmann: Attributenlehre p. 284 Anm. 94 weist nach, daß ein Teil des Beweises hinsichtlich der Schöpfung — wie ihn Josef giebt — von Saadja stamme; siehe auch ebd. p. 318 Anm. 174 und sonst. Kaufmann vermutet auch ferner S. 285 Anm. 96, daß die Ausführungen Josefs über den Beweis der Einheit Gottes mit Rücksicht auf die ausführliche Darstellung bei Bachja (Herzenspflichten I, 9) so knapp gefaßt worden seien.

[5]) Mikrokosmos p. 52.

[6]) ed. Baeumker, p. 332 8.

mit welcher der Mikrokosmos eine auffallende Übereinstimmung aufweist, so daß sich jedem der Gedanke an unmittelbare Entlehnung aufdrängen wird [1]). Gleichwohl aber zeigt ein Ausdruck deutlich, daß an dieser Stelle nicht notwendig an eine solche gedacht werden muß. Der in Betracht kommende Passus lautet nämlich: „Et propter hoc dicitur, quod apprehensio substantiarum secundarum et accidentium secundorum non est nisi per scientiam primarum substantiarum et primorum accidentium." Hier wird also durch das „dicitur" auf eine von Gabirol benutzte Quelle hingewiesen; und eben diese konnte auch dem Verfasser des Mikrokosmos vorliegen [2]).

In einer ziemlich bedeutenden Anzahl von Fällen erscheint es aber gleichwohl wahrscheinlich, daß eine direkte Abhängigkeit von Gabirol oder von den lauteren Brüdern vorliegt. Beachtenswert ist namentlich eine Menge wörtlicher Übereinstimmungen [3]), die mitunter so schlagend sind, daß hin und wieder der schwer lesbare Text des Mikrokosmos dadurch eine einleuchtende Erklärung findet.

Interessant ist es ferner hierbei, daß Gabirol offenbar ebenfalls die l. Brüder benützt hat und besonders in naturwissenschaftlichen Anschauungen fast ganz unter ihrem Einfluß steht [4]).

Übrigens hat auf Josefs Beziehungen zu den l. Brüdern bereits Maimonides ausdrücklich hingewiesen [5]) und in neuerer Zeit Steinschneider aufmerksam gemacht [6]); ebenso Kaufmann [7]). Dieser [8]) und Guttmann [9]) haben auch durch Gegenüberstellung

---

[1]) Siehe S. 25 dieser Arbeit.

[2]) Möglich, wenngleich wenig wahrscheinlich, bleibt freilich die Annahme, daß Gabirol auf seine eigenen Ausführungen p. 35, 22—36, 6 zurückverweist.

[3]) Auf dieselben wird an dem betr. Ort unserer Arbeit hingewiesen.

[4]) Vgl. Guttmann a. a. O. S. 35 ff. und Haneberg's Abhandlung „Über Gabirol's Verhältnis zu der Encyclopädie der l. Brüder" in den Sitzungsberichten der k. bayrischen Akademie der Wissenschaften 1866 S. 89 ff.

[5]) In seinem Briefe an Samuel ibn Tibbon; siehe oben S. 4 Anm. 1.

[6]) Jewish Literature. London 1857. p. 98.

[7]) An vielen Stellen der „Attributenlehre".

[8]) Das. S. 310 Anm. 156 und in „Spuren Al-Baṭlajûsi's" S. 34 und 35.

[9]) a. a. O. S. 42 u. 43 Anm. 1.

einzelner Stellen, die im folgenden noch vermehrt werden, eine Anzahl Übereinstimmungen mit Gabirol dargethan.

Die Encyclopädie der lauteren Brüder[1]) ist uns durch Dieterici's sorgfältige Übersetzung[2]) bekannt.

Gabirol's Lebensquelle (M'kor chajim) ist ursprünglich arabisch geschrieben. Josef hat offenbar das arabische Original benutzt, da er den übrigens trefflichen Auszug Falaqera's schon aus chronologischen Gründen nicht gekannt haben kann. Das Original ist bis jetzt noch nicht gefunden worden.

In jüngster Zeit hat Clemens Baeumker die aus dem arabischen Original stammende lateinische Übersetzung des Johannes Hispanus und Dominicus Gundisalvi herausgegeben[3]). Manche Übereinstimmungen, die aus Falaqera's Auszug nicht ersichtlich sind, sind dadurch klar zu Tage getreten. Wir citieren stets nach der Baeumker'schen Ausgabe.

Wir gehen nunmehr zu unserer eigentlichen Aufgabe über und erforschen das Verhältnis Josefs zu den l. Brüdern und zu Gabirol[4]), indem wir die philosophischen[5]) Ansichten Josefs nach den einzelnen Materien geordnet betrachten.

Schon den Grundgedanken und den Ausgangspunkt seiner Philosophie: „Der Mensch ist eine Welt im Kleinen: er repräsentiert in seinem Körper und dessen Teilen die gesamte materielle Schöpfung und in seiner vernünftigen Seele die ganze geistige Welt" (p. 2, 12 u. p. 41,20) hat er jedenfalls zunächst von den l. Brüdern und von Gabirol übernommen.

---

[1]) Die Encyclopädie ist nach Stoffen geordnet und umfaßt alle Objekte des Wissens, wie sie die Araber im zehnten Jahrhundert beherrschten. Sie ist zu einem abgerundeten Ganzen vereinigt, um durch sie eine Waffe gegen die alle sittliche und geistige Bildung unterdrückende muhammedanische Orthodoxie zu gewinnen. Schon im 11. Jahrh. wurden diese Abhandlungen nach Spanien verpflanzt, dort außerordentlich verbreitet und beliebt und von hier zum Gemeingut der damaligen gebildeten Welt des Orients gemacht.

[2]) Die Encyclopädie umfaßt in dieser Übersetzung folgende Bände: 1. Streit zwischen Mensch und Tier, 1858; 2. Propädeutik, 1865; 3. Logik und Psychologie, 1868; 4. Anthropologie, 1871; 5. Weltseele, 1872; 6. Naturanschauung, 1876.

[3]) Beiträge zur Geschichte der Philosophie des Mittelalters Bd. I, Heft 2—4. Münster 1895.

[4]) Über Gabirol, seine Quellen und seine Philosophie ist zu vergleichen Guttmann a. a. O., der alles erschöpfend dargestellt hat.

[5]) Wir sehen hierbei von den theologischen und ethischen Ansichten ab.

Freilich ist der Gedanke vom Mikrokosmos von ihnen keineswegs zum ersten Male ausgesprochen worden. Sehen wir von Anklängen bei Anaximenes [1]) ab, so finden wir ihn der Sache nach zunächst bei Plato [2]), welcher sagt, daß einzelne Körperteile des Menschen dem Muster des Weltalls nachgebildet seien, und daß der ganze menschliche Organismus höheren geistigen Zwecken entspreche. Aristoteles stellt ausdrücklich den Mikrokosmos dem Makrokosmos gegenüber [3]). Einen ähnlichen Gedanken drückt er aus [4]), wenn er ausführt, daß im Menschen, im Vergleich zu den Tieren, sich die Natur in ihrer höchsten Vollkommenheit zeigt. Von den Stoikern [5]) und Neuplatonikern wurde der Gedanke aufgenommen und gelangte von ihnen dann zu den Arabern, von denen er ausführlich — namentlich von den l. Brüdern [6]) — behandelt wurde.

Ihrer Darstellung folgt Josef zwar nicht in allen Punkten, aber doch so, daß eine Benutzung offenbar wird. Er ist nicht so weitschweifig wie die l. Brüder und sucht auch nicht die Analogien in der fast lächerlichen Weise der spitzfindigen Araber auf. Wo er mit ihnen nicht übereinstimmt, folgt er meist dem Jezirabuche [7]).

---

[1]) Aëtius Placita I, 3, 6. (Diels: Doxographi p. 278, 12). Vgl. Baeumker: Problem d. Materie, S. 15.

[2]) Timaeus p. 44—47.

[3]) Physik VIII 2, p. 252 b 24—26: εἰ δ'ἐν ζώῳ τοῦτο δυνατὸν γενέσθαι, τί κωλύει τὸ αὐτὸ συμβῆναι καὶ κατὰ τὸ πᾶν; εἰ γὰρ ἐν μικρῷ κόσμῳ, καὶ ἐν μεγάλῳ.

[4]) de historia animal. IX 9, p. 588 a 18 ff.

[5]) Vgl. Stein: Psychologie der Stoa. Bd. I. Anhang: Mikro- und Makrokosmos der Stoa.

[6]) Anthropologie S. 41 ff.: Der Mensch als Mikrokosmos. Wellseele S. 27 ff. Natur-Anschauung, S. 24 ff.

Zur Zeit Josefs scheint der Gedanke vom Mikrokosmos sehr geläufig gewesen zu sein. Auch von einem christlichen Zeitgenossen, Bernhard Silvestris, haben wir ein ähnliches Werk; vgl. Bernardi Silvestris de mundi universitate libri duo, sive megacosmos et microcosmus; hrsg. von Barach u. Wrobel Innsbruck 1876. Dieses Werk hat aber offenbar seinen Grundgedanken nicht unmittelbar erhalten, sondern baut den Gedankengang des Platonischen Timaeus weiter aus. Vgl. Windelband: Geschichte der Philosophie. Freiburg 1892, S. 216. Über den Mikrokosmos im Judentum vgl. Frankel's Monatsschrift a. a. O. und Guttmann a. a. O. S. 117. Anm. 3.

[7]) Es ist ein mystisches Buch „über die Weltschöpfung", dessen Autor

2*

Josef sagt [1]): „Es giebt nichts in der Welt, das nicht sein Analogon im Menschen fände. Er gleicht zunächst der Körperwelt; in ihm finden sich die vier Elemente vor, er besitzt deren Eigentümlichkeit, denn er geht von Hitze zur Kälte, von Feuchtigkeit zur Trockenheit über. Er besitzt die Natur der Minerale, Pflanzen und Tiere; er entsteht und vergeht, wie die Minerale, wächst, ernährt sich und pflanzt sich fort, wie die Pflanzen, er hat Empfindung und Leben, wie die Tiere. Er hat Ähnlichkeit mit den Eigentümlichkeiten der Dinge; er gleicht an aufrechter Gestalt der Terebinthe; sein Haar gleicht den Gräsern und Kräutern, die Adern und Arterien den Flüssen und Kanälen, die Knochen den Bergen [2]). Er hat ferner die charakteristischen Eigenschaften der Tiere: er ist tapfer wie der Löwe, furchtsam wie der Hase, geduldig wie das Lamm, listig wie der Fuchs" [3]).

Alle diese Analoga finden sich bereits bei den l. Brüdern [4]); dagegen hat Josef bei der Vergleichung des Kopfes mit der Himmelssphäre, der Zähne mit den Tagen des Sonnenmonats, der zwölf Öffnungen des Körpers mit den 12 Monaten [5]) — nach dem Jezirabuch Perek 4; Mischna 4 — andere Beispiele angeführt [6]).

Josef nimmt mit den lauteren Brüdern zwar auch sieben schaffende Kräfte an [7]), läßt aber aus guten Gründen den Vergleich mit den sieben Wandelsternen fort, durch welche die Entscheidungen des Himmels über das Seiende stattfinden [8]), wie er denn überhaupt den Gestirnen keine bestimmende Macht einräumen kann.

Bei Gabirol findet sich der Gedanke vom Mikrokosmos, wenn auch nur kurz, so doch durchaus bestimmt ausgesprochen [9]): mundus minor exemplum est maioris mundi ordine.

---

nicht bekannt ist. Vgl. Castelli: Einleitung zum Commentar des Sabatai Donolo zum Sefer Jezira. Florenz 1880.
[1]) p. 18 u. 19.
[2]) p. 24.
[3]) p. 19.
[4]) Anthropologie, S. 51; 58; 59.
[5]) p. 24.
[6]) Vgl. Anthropologie S. 48 ff.
[7]) p. 25.
[8]) Anthropologie S. 48.
[9]) fons vitae p. 77 Z. 24.

Wir wollen nunmehr unsere Untersuchung mit der Vergleichung der erkenntnistheoretischen Sätze beginnen; diese stets streng von der Psychologie zu scheiden, war bei der Verwandtschaft der beiden Gebiete nicht immer durchführbar.

§. 6.
Erkenntnistheorie.

Als Fundamentalsatz seiner Lehre von der Erkenntnis stellt Josef den folgenden auf: „Alles Wissen beruht auf dem Grunde der Selbsterkenntnis; wer sich selbst erkennt, erkennt alles; (erst) wer sich selbst erkennt, kann etwas außer ihm Liegendes erkennen" [1].

Fast in gleicher Weise haben sich die l. Brüder geäußert [2]: „Wenn jemand die Erkenntnis der Dinge zu haben behauptet, jedoch sich selbst nicht kennt, so gleicht er dem, welcher andre nährt, doch selbst hungert u. s. w. Der Mensch muß in diesen Dingen erst bei sich beginnen und dann zu den andern übergehen".

Wie die Vorlage Josefs erscheinen die Worte Gabirol's: „Quod autem de scientia magis necessarium est scire, hoc est, ut sciat se ipsum, ut per hoc videlicet sciat alia, quae sunt praeter ipsum, quia eius essentia est comprehendens omnia et penetrans" etc. [3].

Auch in bezug auf das Mittel zur Erkenntnis sind Ähnlichkeiten vorhanden. Das Mittel zur Erkenntnis ist nämlich für Josef [4] die menschliche Seele selbst; dadurch daß dieselbe einen Gegenstand geistig umfaßt, erkennt sie ihn, begreift sein Wesen und wird dadurch der geistige Ort des erkannten Dinges.

---

[1] p. 2 Z. 10. p. 20 Z. 14 etc.

[2] Anthropologie, S. 1 u. 46. Logik, S. 17.

[3] f. v. p. 4 Z. 3. Vgl. Guttmann a. a. O. p. 67. Anm. Der Hinweis auf Plotin's Enneaden (ed. H. F. Müller. Berlin 1878—80) IV, 4, 2 ist aber nicht ganz zutreffend, da an dieser Stelle nicht von der ψυχή, sondern vom νοῦς im Gegensatz zur ψυχή die Rede sein kann, dem die ψυχή sich freilich zuwendet. Vgl. daselbst weiter unten λεκτέον ἐπὶ μὲν etc., und die sogenannte „Theologie des Aristoteles", (übersetzt von Dieterici), Leipzig 1893. p. 18.

[4] p. 7 Z. 5 ff.

Der Sache nach dasselbe lehren die l. Brüder. Die Seele
ist nach ihnen gleichsam ein „geistiges Buch" mit den Formen
des Gewußten, ohne daß diese sich, wie es im Stoffe geschieht,
drängten [1]). Aber die besondere Wendung, welche der Gedanke
bei Josef nimmt, findet aus den l. Brüdern doch nicht seine Erklärung; weder vom geistigen Ort noch vom Umfassen des
Gegenstandes ist bei ihnen die Rede.

Von der Ansicht derer (gemeint sind ohne Frage die Pla-
toniker), welche die Seele als Ort der Ideen ($\tau\acute{o}\pi o\varsigma$ $\epsilon\acute{\iota}\delta\tilde{\omega}\nu$) bezeichnen, berichtet schon Aristoteles und giebt dieser Ansicht
wenigstens teilweise, mit einer gewissen Correctur, seine Zustimmung [2]). Doch ist der Ausdruck „geistiger Ort"· auch ihm
völlig fremd.

Wohl aber findet sich derselbe bei Gabirol. Für diesen
ist der „geistige Ort" im Gegensatz zu dem körperlichen ein
Fundamentalsatz seiner Lehre, auf den er an zahlreichen Stellen
zu sprechen kommt [3]).

Ebenso ist die Deutung des Erkennens als eines Umfassens
durch die Seele eine dem Gabirol durchaus geläufige Wendung [4]).

Gabirol gelangt zu der Annahme eines geistigen Ortes
durch seine Speculation über den Substanzbegriff; denn, wenn
man die Substanz, welche kein Körper ist, als den Ort für den
Körper bezeichnet, so ist jede Substanz der geistige Ort für
die Substanz, welche von ihr getragen wird [5]).

Josef hat dem von den l. Brüdern nur erst angedeuteten, von
Gabirol aufgenommenen und für seine Philosophie fruchtbar ge-
machten Gedanken einen Platz in seiner Philosophie eingeräumt, ohne auf seine Durchführung tiefer einzugehen.

Wir kommen nunmehr zu der Erklärung, die Josef von dem
Erkenntnisprozeß giebt. Er sagt nämlich: Es giebt eine zwiefache
Erkenntnis, eine sinnliche und eine Vernunfterkenntnis. Die

---

[1]) Weltseele S. 48.
[2]) de anima III 4, p. 429 a 27.
[3]) p. 29 Z. 18; p. 49,17. 154,4 u. 7. 156,2, 291,6 u. 19. 207,2. 314,9.
[4]) Z. B. fons vitae p 7 Z. 9: quia scientia scientis est comprehensio ad
rem scitam. p. 11,19: Si tu bene nosti certitudinem essentiae animae et
imaginasti eius comprehensionem circa omnia etc.
[5]) f. v. p. 291, 6 u. 19.

sinnliche Erkenntnis erstreckt sich nur — wie der Philosoph
sagt [1]) — auf die Accidentien der Dinge resp. auf die einzelnen
Individuen, nicht auf die Gattungen [2]); diese werden nur von
der Seele d. h. von der Vernunft erfaßt. Mithin erfaßt die
Vernunfterkenntnis das Wahre [3]) und Wesentliche, die sinnliche
Erkenntnis das Zufällige und Wechselnde.

Der Erkenntnisprozeß vollzieht sich auf folgende Weise:
Der Gesichtssinn erfaßt die Farbe und die Gestalt eines Dinges.
Die Vorstellungskraft, die ihren Sitz im Vorderhirn hat, em-
pfängt dadurch ein analoges Bild, wie sie es ja auch ohne reales
Objekt [4]) sich vorstellen kann. Nun bringt die Vorstellungskraft
(כח הציור) das Bild der Denkkraft zu (כח המחשבה) — be-
kanntlich eine Funktion der vernünftigen Seele —); die Seele betrachtet vermöge ihrer Natur das Ding und seinen Sinn und
erfaßt das Geistige von ihm. Dies ist die Erkenntnis.

Daß Josef bei dieser Erörterung, die bei der Unsicherheit
des Textes nicht durchaus klar wird, den l. Brüdern gefolgt ist,
geht bis zur Evidenz aus einer Vergleichung der bezüglichen
Stellen [5]) hervor:

„Bringt die Vorstellungskraft — welche ihren Sitz im Vorderhirn hat [6]) — das Bild des sinnlich Wahrgenommenen, nachdem sie dasselbe von den Sinneskräften erhalten, der Denkkraft
zu, und entweicht dann das sinnlich-Wahrgenommene der Be-
zeugung durch den Sinn, so bleibt das Bild nur in den Gedanken, in geistiger Form gebildet."

„Gelangen die Grundzüge des sinnlich Wahrgenommenen

---

[1]) Aristoteles. Vgl. Zeller: Philosophie der Griechen II³, 2; S. 198.

[2]) Diese Stelle p. 4 gehört zu den verderbtesten des Werkes. O enthält enthält einige Lesarten, die den Text zum Teil noch unlesbarer machen.
Z. B. Z. 12: כי מדעה הרגש אינו מן האישים. Z. 15: וטבעם שהוא
שאיש מצויר statt: Z. 17: הגוונים ותרדמה. Z. 16: כח איכותיהם
liest O: שאינה מצויה. Z. 20: כח איכותו statt רוחנותו.

Aus den zahlreichen Varianten, die sich noch vermehren lassen, er
hellt die Schwierigkeit des Textes.

[3]) Es ist nach O. Z. 14. אמתת zu lesen.

[4]) Wir folgen der Lesart O. Z. 16. שאינה מצויה.

[5]) Weltseele S. 47.

[6]) Anthropologie S. 35. und 38.

zur Substanz der Seele, so ist die erste That der Denkkraft, daß sie dieselben betrachtet, um ihren Sinn, ihr Wieviel u. s. w. zu erkennen."

Die Darstellung des Erkenntnisvorganges, wie sie die l. Brüder geben, ist auch Gabirol nicht unbekannt. Er läßt dieselbe, ohne ihr jedoch völlig beizustimmen, vom Schüler entwickeln[1]): „Der Erkenntnisprozeß vollzieht sich in der Weise, daß die in der körperlichen Substanz subsistierenden sinnlichen Formen und Accidentien zuerst durch die Sinneswahrnehmung und dann durch die Vorstellungskraft hindurchgehen und erst, nachdem sie in diesen beiden Stationen gewissermaßen verdünnt und verfeinert worden sind, sich der Seele einprägen und von ihr erfaßt werden."

Gabirol huldigt vielmehr seinerseits bei der Erklärung der menschlichen Erkenntnis einer durchaus intellectualistischen Auffassungsweise und steht hierbei auf Platonischem[2]) resp. neuplatonischem Standpunkt.

Durch Zusammenfassung der zerstreuten Stellen im fons vitae gelangt man zu folgender Lehre:

Die Seele besitzt Wissen, weil sie ein Teil der Weltseele ist. Das Wissen ist intellectuell, es erstreckt sich auf die allgemeinen Begriffe, auf die sog. secundären Substanzen und Accidentien. Durch Verbindung der Seele mit dem Leibe geht dieses Wissen nicht etwa ganz verloren, sondern es schlummert in der Seele potentiell. Durch die Wahrnehmung und Erkenntnis

---

[1]) p. 164, 8.

[2]) Der Ursprung dieser Theorie beruht auf Plato's Lehre von der Wiedererinnerung. Vgl. Zeller II[8] 1. S. 707. Bei Aristoteles zieht sich durch die Lehre von der Erkenntnis eine Unklarheit hindurch; denn einerseits bestreitet Aristoteles die Möglichkeit eines angeborenen Wissens und behauptet, alle unsere Begriffe entspringen aus der Wahrnehmung; andererseits spricht er von einem unmittelbaren Erkennen derjenigen Wahrheiten, von denen alle anderen abhängen und läßt alle Erkenntnisse, die wir im Lauf unseres Lebens gewinnen, der Anlage nach von Anfang in der Seele liegen. Siehe Zeller II[3] 2. S. 193 ff. Die Neuplatoniker, besonders Plotin, legen auf die Erfahrung bei dieser Lehre — wenig Wert. Höher steht ihnen das unmittelbare Wissen; die Seele für sich ist auf die bloße Reflexion beschränkt; die Prinzipien eines höheren Wissens kann sie nur vom νοῦς entlehnen. Der menschliche entlehnt sie dem göttlichen νοῦς, von dem er nur wenig unterschieden ist, dessen Teil er vielmehr ist. Zeller III[0] 2. S. 609 f.

der sinnlichen Dinge, der primären Substanzen und Accidentien, wird das Wissen von den secundären Substanzen und Accidentien geweckt, es wird aus der Möglichkeit zur Wirklichkeit gebracht. [1])

Josef ist auch dieser Lehre zum Teil gefolgt; er spricht von secundären und primären Substanzen, wie von ganz bekannten Dingen, obwohl nur an einer einzigen Stelle des Buches [2]) deutlich davon die Rede ist. Dort heißt es: „Der Hauptgrund des sittlichen Handelns liegt in der Wissenschaft (חכמה), denn ihretwegen wurde der Mensch geschaffen [3]) und deswegen wurden ihm die ersten Accidentien und die ersten Substanzen freigegeben (zum Erkennen, הותרו), um sich von ihnen auf die zweiten Substanzen belehrend hinweisen zu lassen [4]); alles, was vom ersten zum zweiten aufsteigt, das fällt dem Menschen schwer und ist ihm wegen seiner Subtilität [5]) dunkel; was aber vom zweiten zum ersten geht, dessen Dasein ist ihm offenbar wegen der Grobheit (עוביו) und Klarheit des Dinges."

Wir sehen deutlich aus dieser Stelle, daß Josef ein Anhänger der Lehre vom intellektuellen Wissen gewesen ist, ohne

---

[1]) Guttmann p. 88 ff. hat wegen allzugroßer Kürze die Lehre Gabirols nicht klar genug dargestellt.

[2]) p. 64. Er erwähnt sie auch, wie aus den Varianten von O. hervorgeht, p. 9 Z. 1 v. unten u. p. 10 Z. 9.

[3]) Vgl. f. vitae p. 6, Z. 13: scientia, propter quam creatus est homo, u. a. anderen Orten.

[4]) Vgl. f. v. p. 332,8: Et propter hoc dicitur quod apprehensio substantiarum secundarum et accidentium secundorum non est nisi per scientiam primarum substantiarum et primorum accidentium (siehe oben p. 17 dieser Arbeit).

Die Lehre von den ersten und zweiten Substanzen (πρῶται καὶ δεύτεραι οὐσίαι) stammt von Aristoteles, der unter der „ersten Substanz" das Individuum, unter der „zweiten Substanz" den allgemeinen Begriff verstand.

Indem man die „zweiten Substanzen" mit den durch die Wiedererinnerung zu erkennenden platonischen Ideen identificierte, entstand die behandelte Formel.

[5]) Vgl. f. v. p. 204 Z. 3: Similiter, quo magis penetraverit intellectus id, quod est post substantiam, quae sustinet praedicamenta, scilicet substantias spirituales, donec perveniat ad materiam primam, quae est contra substantiam, obscurius fiet ei esse et occultius propter suam subtilitatem; et e contrario, quo magis redierit a materia et exierit ad propinquiorem ex substantiis, declarabitur esse et manifestabitur propter suam crassitudinem.

jedoch auch der Lehre vom empirischen Wissen, wie wir aus
der vorangegangenen Erörterung ersehen haben, seine Zustimmung zu versagen.

Auch den l. Brüdern ist übrigens die Annahme von primären
und secundären Substanzen vielleicht nicht ganz fremd gewesen;
wenigstens können wir einen Anklang an diese Lehre bei ihnen
finden. Sie sagen nämlich: Offenbar und klar sind die Substanzen der Körper und deren Accidentien; verborgen und ge-
heim sind die Substanzen der Seele und ihre Zustände. Offenbar und klar sind die Dinge dieser Welt. Verborgen und dem
Verstande der meisten verhüllt sind die Dinge der andern Welt.
Gott bestimmte, daß das Offenbare, Klare auf das Verborgene,
Geheime hinweise [1].

Des weiteren untersucht Gabirol die Frage, ob zum Zu-
standekommen der Erkenntnis „ein Mittel" nötig sei. Bei der
sinnlichen Wahrnehmung ist ein solches nötig, bei der Erfassung
der intelligiblen Substanzen aber nicht; denn inbezug auf die
sinnlichen Dinge ist die Seele nichtwissend; die Substanz der
Seele kann an sich, d. h. ohne Vermittelung der Sinneswerkzeuge, nicht die Formen der sinnlichen Dinge erfassen. Nur
durch Vermittelung der Sinneswerkzeuge kann sich die Seele
die Formen der sinnlichen Dinge aneignen, so daß sie dann in
Wirklichkeit dieselben besitzt.

Die Form der Seele kann alle Formen in sich aufnehmen,
weil sie allen Formen ähnlich ist; zur Erfassung der geistigen
Formen bedarf es keiner Vermittelung, denn ihr Wissen besitzt
ja bereits die Seele [2].

Unverkennbar ist die Ähnlichkeit, welche zwischen dieser
Ausführung Gabirol's und einer Stelle im Mikrokosmos besteht [3].

Dort heißt es nämlich: „Aber die geistigen Dinge erfaßt
die rationale Seele durch ihr Wesen, ohne irgend welche Vermittelung eines anderen (בלא אמצעי שום דבר), weil sie ihnen

---

[1] Propädeutik S. 69. Hier wird diese Lehre in Zusammenhang mit
astrologischen Spielereien gebracht.

[2] f. v. p. 146, 166 u. 170 und Guttmann a. a. O. S. 149, wo indes
die Erörterung nicht recht klar ist. — Die Quelle für diese Lehre ist vielleicht Aristoteles de anima III 429 b. 30 f.

[3] p. 5 Z. 8 ff.

hinsichtlich ihrer geistigen Beschaffenheit und ihrer Sublilität ähnlich ist."

Dies wären etwa die bemerkenswertesten Sätze Josefs hinsichtlich des Erkennens, soweit diese Theorien in irgend einer Beziehung zu Gabirol und zu den l. Brüdern stehen.

Es erübrigt nur noch, die Ansichten Josefs und Gabirols hinsichtlich der Gotteserkenntnis zu vergleichen, wobei sich einige schlagende Übereinstimmungen ergeben.

Im Mikrokosmos [1]) heißt es: „Die Auffassung von der Erkenntnis der ersten Substanz ist nicht unmöglich, aber auch nicht von jeder Seite (מכל צד) möglich [2]). Möglich ist nämlich von dieser Erkenntnis allein die Beschreibung der Attribute und der von ihnen ausgehenden Handlungen; die Erkenntnis der von allen Thätigkeiten abstrahierten (ersten) Substanz ist uns versagt."

Diese Stelle ist der parallelen im fons vitae so ähnlich, daß die Vermutung gerechtfertigt erscheint, Josef habe die „Lebensquelle" vor sich gehabt und diesen Passus wörtlich in sein Werk aufgenommen.

Er lautet im fons vitae [3]):

D. Est via ad attingendum scientiam essentiae primae?

M. Hoc scire non est impossibile nec ex omni parte possibile.

D. Quid igitur ex his est possibile et quid impossibile?

M. Ex his hoc est impossibile, scilicet scire essentiam essentiae primae absque his facturis quae ab ea generatae sunt, possibile autem hoc est, scilicet scire eam, sed nonnisi ex suis operibus, quae ab ea generata sunt [4]).

---

[1]) p. 47 Z. 11—15.

[2]) Kaufmann: Attributenlehre, S. 278 hat diese Stelle, welche durch Vergleichung mit der analogen im f. v. ganz klar wird, infolge der gehäuften Negationen nicht richtig übersetzt; er sagt nämlich: Die Auffassung von der ersten Substanz zu erlangen, ist völlig unmöglich; möglich ist etc.... Auf diesen Irrtum K.'s ist bereits aufmerksam gemacht worden; vgl. Brüll. a. a. O. p. 148. Die hebräische Übersetzung Falaqera's ist an dieser Stelle, (I § 5) nicht so ausführlich. — Im übrigen ist oben Kaufmann's Übersetzung wiedergegeben.

[3]) p. 6 Z. 16.

[4]) Vgl. auch Mikr. p. 47,15 ff. u. 53,29 ff. mit f. v. p. 301, 18 ff.

Auch hinsichtlich des Zwecks jeglichen Erkennens ist Josef ein treuer Anhänger Gabirol's. Josef sagt nämlich [1]): „Der Zweck jeglichen Studiums, jeglicher Erkenntnis ist, zur Glückseligkeit zu gelangen; zwei Wege führen zu ihr: Gotteserkenntnis und Erfüllung seines Willens". Ebenso lautet es bei Gabirol [2]): „D. Quomodo pertingemus ad hoc (applicationem animae cum mundo altiore)? M. Scientia et opere, quia per scientiam et operationem conjungitur anima saeculo altiori".

Auch die weitere Ausführung Gabirol's [3]): „et omnino scientia et operatio liberant animam a captivitate naturae et purgant eam a suis tenebris et obscuritate" ist Josef nicht unbekannt; er giebt sie so wieder, daß sie fast wie ein Citat erscheint [4]): „Wissen und That brechen erst das Joch der den Menschen sonst beherrschenden Natur". [5])

§. 7.

Psychologie.

Die Seele, das geheimnisvolle Prinzip des Lebens in uns, dieses große und jedem Denkenden sich aufdrängende Problem, wird auch von Josef behandelt und zu lösen gesucht. Er geht aber hierbei mehr auf das Physiologische, als auf das Psychologische ein, ganz im Sinne der l. Brüder, die ihm auch in der Seelenlehre Muster und Beispiel sind.

---

[1]) p. 1 Z. 12.

[2]) p. 4 Z. 26. Man erkennt hieraus, daß Gabirol auf religiösem resp. jüdischem Standpunkt steht, der nicht bloß Erkennen Gottes, sondern auch Erfüllung des göttlichen Willens, religiöses Handeln, fordert. (Im Allgemeinen spricht Gabirol im f. v. so wenig von seiner Religion, daß man aus seinem Werke dieselbe nicht erkennen kann).

Bemerkenswert ist auch die Äußerung der l. Br., von denen sich eigentlich mehr eine quietistische Beschaulichkeit als höchste Gottesverehrung vermuten ließe. Weltseele. p. 134. heißt es: „Das erhabenste Glück aber erreichen die, so Gott nahe stehen. Ihr Glück aber besteht in 3 Eigenschaften: 1. daß sie ihren Herrn erkennen, 2. daß sie mit der Sorge ihrer Seele ihm zustreben, 3. daß sie sein Wohlwollen im Handel und Wandel erstreben.

[3]) p. 5 Z. 2.

[4]) p. 63 letzte Zeile.

[5]) Auf diese Übereinstimmung ist bereits in der hebr. Zeitschrift J'schurun Bd. II, deutscher Teil. S. 67 aufmerksam gemacht worden.

So spricht er ausführlich bei der Erörterung über die vegetative Seele (p. 25) über Erzeugung und Bildung des Menschen [1]; bei der Behandlung der animalischen Seele redet er vom Herzen, vom Gehirn und von der Atmung, wobei er namentlich betont, daß jede Bewegung der Brust willkürlich sei [2]. Er unterscheidet zwischen activen und passiven Kräften der animalischen Seele. Die activen sind die Bewegungen der Brust, die passiven die Affecte, welche er an dieser Stelle erörtert [3]. Gleichzeitig definiert er auch die Lust und Unlust: „Lust" ist das, was uns in unseren natürlichen Zustand versetzt, nachdem wir in einem unnatürlichen gewesen sind, „Unlust" das, was uns aus dem natürlichen in einen unnatürlichen Zustand versetzt.

Erst nachdem Josef über Leben und Tod, Schlaf und Erwachen — im Anschluß an die l. Brüder — gesprochen hat, behandelt er die rationale Seele.

Jm Allgemeinen steht Josef in der Psychologie auf Aristotelischem Standpunkt.

Josef erklärt die Seele als eine Substanz [4]; mit besonderer Schärfe bekämpft er im Sinne der l. Brüder die Ansicht der Mutakallimun, welche die Seele für ein Accidens [5] und ein Temperament (מזג Mischung) halten.

Die l. Brüder [6] sagen von der Seele aus, sie sei eine einfache, geistige, der Kraft nach wissende, die Vortrefflichkeit der Vernunft zeitlos annehmende Substanz.

Den l. Brüdern dürfte Gabirol gefolgt sein. Wir finden zwar nirgends eine wörtliche Wiedergabe dieser Lehre, aber dennoch sagt er von der Seele dieselben Bestimmungen aus.

Die Seele ist eine Substanz, die nicht sinnlich [7], sondern geistig [8], nicht ausgedehnt [9], sondern einfach [10] ist.

---

[1] Vgl. Anthropologie. S. 64 ff.
[2] p. 29.
[3] Daselbst.
[4] p. 36 Z. 9 v. u.; p. 37 Z. 3 v. u.
[5] cfr. Maimonides: More n'buchim 1, 74, Praemisse 5 und 6. Schon Saadja widerlegt diese Theorie, sogar durch einen kelamistischen Satz. Vgl. Schmiedl: Studien. S. 137.
[6] Weltseele. S. 25.
[7] Vgl. p. 25 Z. 15.
[8] p. 147,10. — [9] p. 196,16. — [10] p. 111,19; 132,15 u. sonst.

Es ist ganz natürlich, daß Gabirol — im Sinne seiner Philosophie — von der Seele annimmt, daß sie aus Materie und Form zusammengesetzt sei [1]).

Bei Josef findet sich dieser Satz nicht vor.

In Übereinstimmung mit der Philosophie seiner Zeit unterscheidet Josef eine dreifache Seele: Die vegetabilische, die animalische und die rationale Seele. Entsprechend der neuplatonischen Ansicht redet er von den drei Seelen bald im Sinne der Einzelseele, bald im Sinne der Weltseele.

a.

Die vegetabilische Seele,

hebräisch נפש הצומחת, auch מְגַדְּלָה „Wachstum veranlassende Seele". Ihr Sitz befindet sich in der Leber [2]). Ihre Kräfte sind das Ernährungs-, Wachs- und Bildungsvermögen. Das Ernährungsvermögen hat vier Kräfte: das Anziehungs-, Festhaltungs-, Verdauungs- und Ausscheidevermögen. Diese Kräfte muß man sich in enger Verbindung mit einander und ohne Möglichkeit gegenseitiger Stellvertretung denken. Sie sind geistige Kräfte und haben ihre Quelle in den Weltkräften (כחות הכוליות universale Kräfte), die in der Oberwelt sind [3]).

Der vegetabilischen Seele ist das Begehren zu eigen [4]): dem Range nach steht sie unter der animalischen Seele.

Eine Vergleichung mit den Lehren der l. Brüder [5]) beweist deutlich, daß Josef inbezug auf die rein physiologische Bedeutung der vegetabilischen Seele mit ihnen übereinstimmt.

Was die 7 Kräfte der veg. Seele anbelangt, welche die l. Brüder anführen [6]), so scheidet er deutlich zwischen den 3 letzten und den 4 ersten. Er schreibt dem Ernährungsvermögen

---

[1]) f. v. p. 212 Z. 11.

[2]) Nach Plato im Unterleib überhaupt.

[3]) p. 25. Inbetreff der Einteilung der Seelenkräfte in der jüd. Religionsphilosophie vgl. Rosin: Ethik des Maimonides, S. 46, Anm.; Josef ist indes hier nicht mit behandelt.

[4]) Bei Plato ist die unterste Stufe ebenfalls das Begehrungsvermögen. Aristoteles dagegen (de anima II, 2 ff. und eth. Nic. I, 13) schreibt das Begehren der animalischen Seele zu. Die l. Brüder folgen Plato. Vgl. Logik. S. 118.

[5]) Weltseele. S. 20 ff. Anthropol. S. 4,13, 67 u. Logik. S. 118.

[6]) Daselbst.

die 4 Kräfte zu, welche von den l. Brüdern zuerst angeführt werden [1]).

Dem Ausdruck „Teilseele" begegnen wir nicht bei Josef, obwohl er auch mit den l. Brüdern übereinstimmt, indem er die geistigen Kräfte der veget. Seele von der himmlischen Allseele, d. h. von den Kräften der Allseele, ausgehen läßt. [2])

Über den Sitz der veg. Seele verlautet bei den l. Brüdern nichts; ihr Rangverhältnis geht aus der ganzen Gruppierung hervor.

Bei Gabirol finden wir fast dieselben Lehren hinsichtlich der anima vegetabilis sive crescibilis [3]). Wenn er auch nicht ihre sieben Thätigkeiten besonders hervorhebt, so gruppiert er sie doch ebenfalls. Er sagt: Actiones animae vegetabilis sunt vegetare et generare [4]). Vorher [5]) hat er aber bereits geäußert: Nonne es tu videns in vegetabilibus motum crescendi et alendi et generandi?

Unter generare gruppiert er: retinere et mutare, unter vegetare: attrahere et pulsare [6]).

Diese Kräfte können, da die von ihnen ausgehenden Wirkungen gleichartig sind, nicht verschiedenen Substanzen angehören, sondern es muß Eine Substanz sein, welche vermittelst verschiedener Kräfte alle diese Wirkungen hervorbringt. Die particuläre Substanz ist demnach auf die universelle Substanz zurückzuführen. Es müssen mithin die 3 particulären Seelen ihren Grund in 3 universellen Seelen, und die particuläre Intelligenz muß ihren Grund in einer universellen Intelligenz haben.

Die Ähnlichkeit zwischen dieser Ansicht und der im Vorangegangenen besprochenen ist unverkennbar, sie erscheint nur in der Färbung der Philosophie Gabirol's. Bei Josef tritt diese

---

[1]) Vgl. Abrah. ibn Daud (Emuna rama I, 6 — deutsch S. 25), der sie ebenso gruppiert.

Der Ursprung dieser Lehre ist vielleicht auf Hippokrates zurückzuführen, dessen Aussprüche Schahrastani, Haarbr. II, 149 mitteilt. Vgl. Rosin: Ethik des Maim. S. 48 Anm. und Guttmann: Saadja. S. 23. Anm. 2.

[2]) Mikrokosmos p. 25 und Anthropol. S. 66.

[3]) f. v. p. 183,20 u. 22.

[4]) 184,17.

[5]) 181,14.

[6]) p. 184 u. 185. Auch von einer festhaltenden Kraft spricht Gabirol p. 185,18.

Lehre nicht so scharf hervor. Die Bewegung, welche Gabirol als neues Moment anführt und die die Aufgabe hat, zum Ersatz für die aufgelösten Teile neue Teile der Materie heranzuziehen und dieselben an die einzelnen Teile des Körpers anzuschließen, übergeht Josef. Er verfährt hierbei durchaus consequent, denn auch bei der Lehre vom Willen berücksichtigt er nicht die Bewegung, welche in der Philosophie Gabirol's eine große Rolle spielt.

In einem Punkte widerspricht Josef der Lehre des Gabirol. Bei diesem heißt es nämlich [1]): anima autem vegetabilis coniungitur essentiae corporum, quia convenit eis in crassitudine.

Josef dagegen äußert sich [2]): „Die vegetative Seele ist in dieser Welt nur im menschlichen Körper [3]), auf den sie ihre Kraft ausströmt; denn sie ist, wenn wir sie mit dem groben, menschlichen [4]) Körper vergleichen, subtil; ohne Träger kann sie eben so wenig bestehen, wie etwa das Feuer ohne Luft und Nahrung."

Die Schwierigkeit, sich die Verbindung zweier so ungleichartiger Dinge, wie Körper und vegetative Seele zu denken, hat Josef nicht hervorgehoben'; er baut auf dieser Lehre weiter, ohne irgendwo anzugeben, wie man sich eigentlich diese Verbindung vorzustellen habe.

Das Verhältnis der vegetativen Seele zur Natur, das Gabirol betont [5]): „actio naturae est minus perfecta, quam actio animae vegetabilis", und das auch die l. Brüder berücksichtigen, wird von Josef nicht in den Kreis der Erörterung hineingezogen. Der Grund wird bei der Besprechung der Intelligenz angegeben werden.

Betrachten wir nunmehr Josefs Ansichten über

b.

Die animalische Seele,

hebr. נפש החיה, auch als Vital-Seele zu übersetzen נפש החיונית [6]).

---

[1]) p. 186,21.
[2]) p. 22 unten.
[3]) D. h. daß sie nicht außerhalb eines Körpers besteht.
[4]) Lies p. 23, Z. 1. הארמי.
[5]) p. 185,11.
[6]) p, 31.

Die animalische Seele hat ihren Sitz im Herzen [1]), sie haftet an dem reinen, roten Herzblut; deswegen sehen wir im Herzen zwei Kammern — in der einen ist der Geist, in der zweiten das Blut. Aus diesem Grunde finden wir nach dem Tode in der einen geronnenes Blut, die zweite aber leer; der Tod tritt nur dann ein, wenn die Mischung (des Blutes) im Herzen schlecht ist oder das Herz einen großen Fehler hat [2]).

Der vitale Geist, welcher kraft der vitalen Seele im Herzen ist, bewirkt die Bewegung und Empfindung [3]); Bewegung und Empfindung, d. h. das Leben, wird somit durch die vitale Seele veranlaßt [4]). Die vitale Seele verbindet sich mit dem Körper, wenn die Glieder, die Gestalt und der Bau des Embryos vollendet ist; da die vitale Seele nun äußerst fein, der Körper aber an und für sich tot und plump ist, so kann sie sich nur mit einem Körper verbinden, in dem bereits eine vegetabilische Seele ist.

Darum wird die vitale Seele von dem vitalen Geist getragen, welcher eine von ihren Kräften ist. Der vitale Geist wiederum wird von dem reinen Blut der Arterien getragen. In jeder Arterie sind zwei Häutchen [5]); in dem einen dadurch entstehenden Teile ist der Geist, in dem andern das Blut. Dies ist flüssig, der Geist luftförmig und beweglicher als das Blut; würde es den Geist hindern, den ganzen Körper zu durchdringen, so träte sofort der Tod ein [6]).

Die Seele ist nicht das Leben, sondern nur die Ursache desselben [7]). Dem Range nach steht die vitale Seele unter der rationalen [8]), welche sich erst durch die vitale Seele mit der vegetabilischen Seele verbindet [9]). Die rationale Seele zieht die vitale nach sich und strömt auf sie das Dasein aus [10]).

---

[1]) Platonisch.

[2]) p. 27.

[3]) p. 28,15.

[4]) p. 30,3.

[5]) Die Ausdrucksweise ist nicht ganz correkt, denn durch zwei Häutchen entstünden in der Arterie 3 Teile. O hat übrigens die Worte לִשְׁנֵי דְּרָכִים nicht, die vielleicht zur Erklärung hinzugefügt sind.

[6]) p. 27.

[7]) p. 31.

[8]) ibid.

[9]) p. 30.

[10]) p. 31. Gelegentlich erwähnt Josef, daß die Sinne zur animalischen

Die Behandlung der animalischen Seele läßt infolge der fortwährenden Verschmelzung physiologischer und psychologischer Vorgänge an Klarheit vieles zu wünschen übrig. Die Kürze der Ausführung und die Unsicherheit des Textes machen eine genaue Erklärung fast unmöglich.

Bei den l. Brüdern ist die Lehre von der animalischen Seele vollkommen in den Hintergrund getreten. Sie wird nur gelegentlich ganz kurz erwähnt. Nur einen einzigen Satz scheint Josef von ihnen angenommen zu haben: [1] „Ist der Bau des Körpers in der von Gott bestimmten Zeit vollendet, so überträgt ihn die Tierseele von dort in die Weite dieser Welt."

Wie sich die Seele mit dem Körper verbinde, haben die l. Brüder jedenfalls nicht als Problem aufgefaßt, sie constatieren nur die Thatsache der Verbindung beider.

Gabirol benutzt die animalische Seele (anima sensibilis, sentiens, animalis), um sie gleichsam als Baustein dem Gebäude seines Systems einzufügen. Ihre Thätigkeit sind sinnliche Empfindung und willkürliche Bewegung [2]; im Range steht sie höher als die vegetabilische Seele.

Soweit folgt Josef durchaus dem Gabirol. Charakteristisch aber ist es, daß er einen Punkt der dortigen Ausführung sich nicht zu eigen macht. Gabirol nämlich verwendet an der von Josef — wie es scheint — benutzten Stelle die vitale Seele als Beweis für seine Lehre vom Medium.

Er sagt nämlich: „Der erste Schöpfer ist der Anfang der Dinge, und der Anfang der Dinge ist getrennt vom letzten derselben; die Substanz, welche die 9 Kategorien trägt, ist aber das letzte der Dinge — mithin ist der erste Schöpfer getrennt von der Substanz, welche die 9 Kategorien trägt. Wir nehmen nun diesen Schluß als Vordersatz und sagen: Der erste Schöpfer ist getrennt von der Substanz, welche die 9 Kategorien trägt; zwischen zwei Dingen, die von einander getrennt sind, d. h. zwischen denen eine Trennung stattfindet, muß es aber ein

---

Seele gehören p. 37; vgl. Kaufmann: Die Sinne p. 52 Anm. Auch die Affecte, wie Zorn, sind der Seele eigen, siehe oben; bei den l. Brüdern führt die anim. Seele öfters den Namen „Zornseele". Es findet bei diesen Ausführungen eine Verschmelzung Platonischer und Aristotelischer Psychologie statt.

[1] Weltseele 25.

[2] f. v. p. 186,8.

Mittleres geben, da sie ohne ein solches ein Ding und nicht getrennt wären. Mithin muß es zwischen dem ersten Schöpfer und der Substanz, welche die 9 Kategorien trägt, ein Mittleres [1] geben".

„Giebt es denn aber ein Mittleres zwischen der Seele und dem Körper, die doch auch von einander getrennt sind? Gewiß giebt es ein Mittleres auch zwischen diesen beiden, nämlich den Lebensgeist (spiritus oder spiritus animalis [2]); hebräisch רוח החיי [3]); ohne diesen wäre auch eine Verbindung zwischen beiden nicht möglich. So muß es also auch zwischen Gott und der Substanz der Kategorien ein Mittleres geben.

Sicherlich mit Absicht hat Josef auch bei Benutzung dieser Stelle [4]) jede Erwähnung vom Mittleren unterlassen; denn wir finden die Ausscheidung der Lehre des „Mittleren" mit Consequenz in der Philosophie Josefs durchgeführt.

Vielleicht that er dies, weil es sich mit seiner religiösen Überzeugung nicht vereinigte, zwischen Gott und der Welt ein Mittelwesen anzunehmen, da ja ein allmächtiger Gott desselben nicht bedarf [5]).

Gabirol spricht nicht von einer Verbindung der rationalen Seele mit der vegetabilischen durch die vitale Seele, wie es Josef thut. Für Gabirol ist die vitale Seele nur Mittel zwischen Seele und Körper [6]). Josef aber ging noch auf die Frage ein, wie die vitale Seele sich mit dem Körper verbinde. Die Antwort lautet:

---

[1]) f. v. p. 75 und Guttmann. a. a. O. S. 116 (siehe auch Anm. ¹, wo darauf hingewiesen wird, daß auch der Kalam diesen Lehrsatz hat).

[2]) f. v. p. 194,4.

[3]) Noch prägnanter ist der Ausdruck in dem hebr. Auszuge Falaqera's, M'kor chajim III, 3 רוח האמצעי, was „Mittelgeist" für die vitale Seele bedeutet.

[4]) p. 194, wo eine fast wörtliche Übereinstimmung mit Mikrokosmos p. 30 vorhanden ist. Wie Gabirol, erklärt übrigens auch Juda hallevi (Kusari II, 26) den Zusammenhang zwischen Leib und Seele. Vgl. Schmiedl: Studien. S. 145 und Anm. 1; siehe auch Kaufmann: Theologie S. 26. Anm. 5.

[5]) Vgl. weiter unten S. 50 ff.

[6]) Guttmann — S. 116. Anm. 2. — identifiziert die vitale Seele mit dem Lebensgeist; diese Ansicht muß dahin berichtigt werden, daß der Lebensgeist eine Function der vitalen Seele ist, wie es auch Josef p. 27, Z. 13 erklärt.

„Durch die vegetabilische Seele, welche dem Körper am nächsten
steht". Zu dieser Ansicht hat ihn der Umstand gezwungen, daß
er der Lehre von der vitalen Seele als einem Medium zwischen
Körper und Seele ausweichen wollte — oder weil er der Lehre
Gabirol's, daß die animalische Seele sich mit den ihr an Fein-
heit gleichenden Formen der Körper verbindet und diese ihrer
körperlichen Form entkleidet, während die vegetabilische Seele
sich vermittelst der Nähe und Continuität mit dem Wesen der
Körper selbst verbindet, weil sie diesen an Grobheit gleich ist [1]),
nicht zustimmen wollte.

c.
Die rationale Seele.

Am ausführlichsten behandelt Josef in der Psychologie die
Lehre von der rationalen Seele [2]). Sie soll im folgenden wiedergegeben werden.

Die rationale Seele ist die oberste Gattung der Seelen.
Die Vernunft wird — obwohl sie selbstständige Substanz ist und
die Seele thätig unterstützt — Seele genannt, weil die rationale
Seele mit der Vernunft im Stoffe übereinstimmt; deshalb wird
die rationale Seele nach erlangter Vollkommenheit selbst Vernunft [3]). Aus diesem Grunde wird auch die rationale Seele potentielle Vernunft genannt. Es besteht zwischen ihnen nur ein
Rangunterschied. Die intelligible Welt steht zwar nicht örtlich
höher; sie hat aber doch einen größeren Vorzug, denn ihre Materie ist das reine Licht und der lautere Strahl [4]).

In der Intelligenz ist keine Unvernunft, da sie aus Gottes
Allmacht unmittelbar hervorgeht. Gott verlieh ihr Unendlichkeit
und Vollkommenheit [5]). Würde der Schöpfer des Alls einen

---

[1]) Guttmann S. 156.
[2]) Mikrokosmos p. 37 ff.
[3]) Ganz ähnlich heißt es im f. v. p. 319: Similiter anima rationalis
desiderat formas intelligibiles, hoc est, quia anima particularis, dum vocatur
intellectus primus, est in [suo] principio sicut hyle receptrix formae; sed
cum receperit formam intelligentiae universalis, quae est intellectus tertius, et
fuerit intelligentia, tunc erit facilis ad agendum et vocabitur intellectus secundus.
[4]) Vgl. Weltseele S. 24 und Guttmann: Gabirol S. 43. Anm. 7.
[5]) Siehe weiter unten S. 50.

Augenblick aufhören [1]), über seine Geschöpfe seine Güte zu ergießen, so würde alles in das frühere Nichts zurückkehren.

Ist nun die Seele denkend geworden, dann kehrt sie zur Vernunft zurück [2]). Die Vernunft erleuchtet die Seele, strömt auf sie ihr Licht aus.

Die rationale Seele ist eine geistige Substanz, sie hat auch geistige Accidentien, z. B. Erkenntnis, Wohlwollen, Güte, Redlichkeit und ähnliche Eigenschaften; sie werden mit der Seele mitgeschaffen. Thorheit, Unredlichkeit und Bosheit sind keine Gegensätze, sondern lediglich Negationen [3]) (ein Fehlen), wie Blindheit z. B. Fehlen des Gesichtes ist. Gott schafft nichts Mangelhaftes und findet an ihm keinen Gefallen; das Böse entsteht, weil die Empfänglichkeit zum Guten und Vollkommenen zu gering war.

Erkenntnis, Gerechtigkeit, Hoffnung und Demut sind die Eigenschaften, welche zur Glückseligkeit führen [4]).

Die rationale Seele ist erkennend und forschend; sie hat die Fähigkeit, Begriffe zu bilden, allgemeine Regeln zu finden, Vordersätze aufzustellen und Schlüsse zu ziehen. Die rationale Seele ist der Grund, daß uns Gebote gegeben wurden; um ihretwillen werden wir belohnt oder bestraft.

Die Vernunft ist in der Seele potentiell vorhanden; durch fleißige Übung und Studium wird sie wirkend. Wäre die Vernunft in der Seele weder potentiell noch in Wirklichkeit, so könnte sie überhaupt keine Wissenschaft erlangen. Dadurch aber, daß sie potentiell vorhanden ist, ist dies möglich; dadurch, daß sie wirkend ist, ist dies notwendig. Von vornherein ist die Vernunft deswegen in der Seele nicht wirkend, weil sie dann

---

[1]) Vgl. Weltseele S. 93, wo ein ganz ähnlicher Gedanke ausgesprochen wird.

[2]) Die Ansichten Plotin's IV, 4. (Zeller: Philos. der Griechen [3] III b, S. 610): Nicht bloß der Nus, sondern auch die Seele vereinigt sich mit Gott; und (das. S. 613): die Seele wird in der Anschauung der Gottheit nicht allein mit sich selbst eins, indem der Gegensatz des νοῦς und der ψυχή verschwindet, sondern auch mit jener — sind vielleicht die Quelle für Josef gewesen.

[3]) Auch bei Plotin ist das Böse die Negation des Guten: ἀπουσία ἀγαθοῦ; vgl. Zeller [3] III b, S. 548.

[4]) Vgl. Bacher: Die Bibelexegese S. 102. Anm. 8.

der Seele gleich wäre und Übung und Studium überflüssig machte.
Diese sind aber notwendig, damit der Mensch den Weg zum
Guten wähle und sich vom Weg zum Bösen entferne. Darum
heißt die rationale Seele auch „Erkenntnisseele" (נפשׁ‏המבטא) [1].
Auch diese Ausführungen finden bei den l. Brüdern [2] und
bei Gabirol mehr oder minder schlagende Analogien.

Mit Gabirol stimmt Josef in der Ansicht überein, daß die
Intelligenz aus dem Schöpfer hervorgehe, daß die rationale Seele
und die Intelligenz von gleichem Stoff seien [3], daß die Intelligenz von vollendeter Vollkommenheit ist und höher steht als
die rationale Seele.

Liegt in dieser Übereinstimmung, da sie eine allgemein
neuplatonische Ansicht betrifft, nichts sonderlich Charakteristisches,
so ist dagegen hinsichtlich eines anderen Punktes die bis ins
einzelne des Ausdrucks gehende Übereinstimmung um so bedeut-
samer: die Art, wie Gabirol und Josef über die Entwickelung
der rationalen Seele zum Intellekt sprechen [4].

Zu bemerken ist übrigens, daß der Ursprung dieser Lehre
bei Alexander von Aphrodisias zu suchen ist. Er lehrt, im
Gegensatz zu Aristoteles, daß der (mögliche) νοῦς (hebr. שׂכל)
nicht von der übrigen Seele getrennt ist, sondern ursprünglich
nur eine Anlage — νοῦς ὑλικὸς καὶ φυσικός — ist. Durch
Übung und Gebrauch wird er zur wirklichen Denkthätigkeit:
νοῦς ἐπίκτητος oder νοῦς καθ' ἕξιν [5].

Wie bei Gabirol die Psychologie überhaupt in den Hintergrund tritt und wie er sie nur gelegentlich als Argument für
seine Philosophie anwendet, so geschieht dies auch hinsichtlich

---

[1] Mikrokosmos. p. 39. oben.

[2] Weltseele S. 13: (Die Vernunft und Seele stimmen im Stoff überein),
denn sie sind beide geistige Substanzen. Die Vernunft steht höher als die
Seele; sie emanierte vom Schöpfer, hat Bestand, ist vollendet, vollkommen.
Auf die Seele schüttet sie den Erguß des Guten und Überfluß vom Schöpfer.
Hinsichtlich der potentiellen und wirklichen Denkthätigkeit siehe Logik S. 70.

[3] Bei Gabirol heißt es: Die von der Intelligenz und von der rationalen
Seele ausgehenden Wirkungen gehören derselben Gattung an.

[4] Siehe S. 36 Anm. 3 dieser Arbeit.

[5] Vgl. Zeller [3] III a, S. 796. Plotin ging auf Grund dieser Lehre von
der hylischen Vernunft weiter und erklärte den Geist für die Form der nur
als Möglichkeit vorhandenen Seele. Zeller [3] III b, S. 510 ff. Vgl. Rosin: Ethik
d. Maimonides S. 51.

der Lehre von der rationalen Seele. Seine Lehre steht im eng-
sten Zusammenhang und Einklang mit seiner ganzen Philosophie.
Was er von der rationalen Seele lehrt, soll nur beweisen, daß
durch sie sein System bestätigt wird, und umgekehrt durch
sein System sie die wahre Erklärung findet.

Josef scheint indessen nicht in allen Stücken der Lehre
Gabirol's von der rationalen Seele beizustimmen. Das geht
daraus hervor, daß er durchweg die Lehre von dem Gattungs-
begriff der Bewegung [1]) ausgeschieden hat, in welchem alle Wirkungen der Seelen übereinkommen [2]); auch von der Ansicht, daß
die Seelen infolge ihrer Wirkungen in dem Verhältnis von Ursache und Folge stehen, finden wir bei Josef kein Wort.

d.
Die Weltseele.

Die l. Brüder haben der Lehre von der Weltseele einen
hervorragenden Platz in ihrer Philosophie eingeräumt und sogar
einen umfangreichen Teil ihrer Abhandlungen nach der Weltseele benannt.

Auch in der Philosophie Gabirol's erfährt die universelle
Seele eine eingehendere Behandlung.

Josef hat ihrer Erörterung so wenig Worte gewidmet, daß man
die Beziehungen zwischen seiner Lehre und der der l. Brüder und
Gabirol's nicht gut untersuchen kann. Er bemerkt ausdrücklich [3]),
daß er über diesen Gegenstand nur sehr wenig sprechen wolle,
da eine Erörterung zu schwierig sei, abgesehen davon, daß die
Philosophen vielfach irrige Ansichten hierüber hätten, und auch
die alten Philosophen davon gehandelt hätten.

Josef lehrt [4]): „Nach Analogie unserer Seele denken wir
uns eine Weltseele (הנפש הכללית); wir nehmen an, daß die
Weltseele gleichfalls als ein rein geistiges Wesen [5]), weder Körper ist noch einen Körper erfüllt noch unter die Zeit fällt.

---

[1]) Vgl. auch weiter unten S. 47 ff.
[2]) Vgl. Guttmann. a. a. O. S. 155 ff.
[3]) p. 39. Z. 17 u. 18.
[4]) p. 39.
[5]) Dasselbe sagt Plotin. Vgl. Zeller [3] III b, S. 538. Vgl. Weltseele S. 24.

Hiernach giebt es also auch eine geistige vollkommenere Welt, neben der sinnlichen und mangelhaften, in der wir auf Erden leben [1]).

Da jedes Einzelwesen zu einer Art, jede Art zu einer Gattung gehört, so ist auch die menschliche Seele ein Einzelwesen, welches zu einer Art — zur Weltseele — gehört [2]). Woher kommt nun eine Vielheit von Seelen, wenn man leugnet, daß die einzelnen Seelen in dem einzelnen Körper wie in einem Raume weilen? Die Verschiedenheit und Vielheit entsteht durch die verschiedene Disposition der Individuen. Gefäße, die man dem Sonnenlicht aussetzt, erfahren je nach ihrer Durchsichtigkeit und Lage eine verschiedene Einwirkung, und so ist es auch mit dem Individuum. Dadurch, daß der Organismus, den sich diese Seele unterworfen hat, von anderen verschieden ist, ist auch die Einwirkung eine verschiedene, welche die Allseele in ihrer Besonderheit ausübt [3]).

§. 8.
Naturphilosophie.
Materie und Form, Substanz und Accidenz.

Gabirol hat der Erklärung von Materie und Form ein ganzes Werk gewidmet. Viele Gedanken finden sich bereits bei den Neuplatonikern und den ihnen folgenden l. Brüdern; aber Gabirol ging in kühnem Denken weit über seine Vorgänger hinaus. Materie und Form macht er zum Mittelpunkte eines ganzen Systems; sie sind die Wurzeln des Baumes, der als Frucht Lösung aller Probleme zeitigen soll. Aber leider vermochte er es nicht, eines der Grundprobleme seines Systems — die Entstehung der Materie — wirklich befriedigend und im Einklang mit seinem theistischen Standpunkte zu lösen; und so steht der stolze Bau auf wankender Grundlage.

---

[1]) Von einer doppelten Weltseele im Sinne Plotin's spricht Josef nicht. Vgl. Zeller das. S. 540.

[2]) Einen ähnlichen Gedanken hat auch Gabirol (f. v. p. 180, 29) ausgesprochen: „Es müssen die drei particulären Seelen ihren Grund in drei universellen Seelen (und die particuläre Intelligenz muß ihren Grund in einer universellen Intelligenz) haben."

[3]) Eine Ähnlichkeit mit der Lehre Plotin's (Zeller das. S. 542) ist unverkennbar.

Mit Vorsicht und Bedacht benützt Josef die Lehren Gabirol's. In wenig Worten — auch die l. Brüder handeln nur kurz
über Materie und Form — bietet er seine Meinung dar; er geht
nicht auf die Entwickelung der Gedanken ein, er benützt nur
die Resultate, so zwar, daß erst durch die Vergleichung mit
dem trefflichen Texte des fons vitae manche Stelle eine einleuchtende Erklärung findet.

Josef lehrt[1]): Alle Dinge, produzierte und natürliche, haben
Materie und Form[2]). Die Materie ist das Substrat für ein Ding,
sie ist das Höhere, die Form das niedere; beide stehen in gegenseitiger Beziehung.

Diesen Rangunterschied will Josef allerdings nur (אבל)
bei geistigen Dingen angewendet wissen; von ihrem Verhältnis
bei sinnlichen Dingen sagt er nichts Genaueres. Wir können wohl
daraus schließen, daß er wie Aristoteles[3]), bei diesen die Form
für das Höhere und die Materie für das Niedere ansieht.

Bei den l. Brüdern finden wir nichts von diesem Rangunterschied.

Gabirol wurde gezwungen, darauf einzugehen, als er sich
vor die Frage nach der Entstehung der Materie gestellt sah.
Hier erklärt er: die Materie ist vom ersten Wesen geschaffen, und
die Form ist von der Eigenschaft des ersten Wesens geschaffen[4]).

---

[1]) p. 7. Der ganze Passus ist sehr verderbt.

[2]) Vgl. Naturanschauung S. 1. u. f. v. p. 17.

[3]) Vgl. Zeller [3]II b. S. 318.

[4]) Guttmann S. 268 findet einen Widerspruch zwischen dieser Ansicht
und den Ausführungen des vierten Traktates, wo die Materie offenbar im
Vergleich mit der Form als etwas Niedrigeres und Untergeordneteres zu betrachten ist; denn da Gabirol sagt — so meint Guttmann —, die Entstehung
der Materie sei auf das erste Wesen zurückzuführen, so sei damit die Su-
periorität der Materie zugestanden.

In der That ist jedoch hierin kein Wiederspruch zu finden; denn wenn
wir annehmen, daß Gabirol die Lehren des Proklus gekannt habe, so wird
ihm schwerlich der Satz entgangen sein, daß das, was von der höheren Ursache kommt, tiefer reiche (vgl. Zeller [3]III b. S. 791 und 809). Die Materie
kann daher gerade deshalb, weil sie von dem ersten Wesen geschaffen ist,
das Niedere sein. Gabirol geht daher durchaus logisch vor, wenn er die
Materie als das Niedere von Gott erschaffen sein läßt. — Wenn so dieser von
Guttmann behauptete nächste Widerspruch in Gabirol's Lehre auch nicht an-
erkannt werden kann, so muß andererseits zugegeben werden, und wurde
schon oben (S. 40) hervorgehoben, daß die tiefere Grundlage von Gabirol's

Aus diesem Ausspruch [1]) und den Ausführungen des vierten Traktates geht hervor, daß die Materie das Niedrigere, die Form das Höhere ist.

Von diesem Rangunterschied bei geistigen Dingen spricht auch Gabirol an vielen Stellen [2]).

Wir haben aus dem Vorangehenden gesehen, wie Josef [3]) auch die bei diesem in den Vordergrund tretende Lehre, daß geistige Dinge — ebenso wie körperliche Dinge — Materie und Form haben (natürlich rein geistiger Art), übernommen hat.

Plotin hat vor allem diese Lehre von der geistigen Materie entwickelt, nachdem schon Plato ein materielles Prinzip in der Idealwelt angenommen [4]) und Aristoteles die Vorstellung einer „intelligiblen Materie" *(ὕλη νοητή)* im Mathematischen und in den Begriffen eingeführt hatte. Die Neupythagoreer bildeten die Platonische Lehre weiter durch und nach ihnen nahm sie Plotin auf [5]), dem sie Gabirol vielleicht entlehnt hat.

Auch den l. Brüdern scheint sie nicht unbekannt gewesen zu sein. Bei ihnen heißt es nämlich [6]): „Alles Vorhandene, es sei geistig oder sinnlich faßbar, besteht in Substanzen oder Accidentien, oder es ist aus beiden zusammengesetzt; in Formen oder Materien, oder es ist aus beiden zusammengefügt.

Was die Definition von Substanz und Materie anlangt, so ist die Übereinstimmung zwischen Josef und Gabirol durchaus einleuchtend.

Josef sagt nämlich [7]): „Der Unterschied zwischen Substanz

System, der Begriff der Emanation, weder an sich vollkommen klar gefaßt noch mit dem sonstigen theistischen Standpunkte des Philosophen in vollen Einklang gebracht ist.

[1]) f. v. p. 24,8 u, p. 235,26.

[2]) p. 24,7. p. 230,26; 231,5; p. 229,23; 230,4. 7.

[3]) p. 7.

[4]) Vgl. Zeller [3]II a. S. 810 u. Baeumker: Das Problem der Materie in der griech. Philosophie. Münster 1890. S. 198 ff.

[5]) Vgl. zu dieser Ausführung Correns in Baeumker's Beiträgen Bd. I, Heft I S. 46 u. Anm.

[6]) Vgl. Logik u. Psychologie p. 8, 15, 85, 174; Weltseele 44 u. 45.

[7]) p. 9. Wie Josef sich zu der Frage stellt, ob die Materie nach Annahme der Form für sich allein „Substanz" heißt, oder mit der Form zusammen, läßt sich nicht mit Gewißheit entscheiden. Gabirol lehrte p. 298,24; p. 300,1; p. 161,20 (übrigens lauter Stellen, die bei Falaqera fehlen), daß die Materie nach Annahme der Form für sich allein „Substanz"

und Materie besteht darin, daß die Materie potentielle Substanz ist, da sie, bevor sie Form annahm, bereits Materie war. Ihr Dasein war also potentiell. Hat sie aber Form angenommen, so wird sie Substanz — ihr Dasein ist wirklich.

Auch die l. Brüder sagen dasselbe, wenn sie lehren [1]): Die Philosophen bezeichnen mit dem Ausdruck Materie eine jede Form annehmende Substanz.

Daß Josef seine Unterscheidung fast wörtlich entlehnt hat, zeigt folgende Stelle [2]): „Distinctio nominum, substantiae scilicet et materiae, haec est, quod nomen materiae illi soli congruit, quod paratum est recipere formam quam nondum recepit; nomen vero substantiae illi materiae congruit, quae iam aliquam formam recepit et per ipsam formam facta est substantia propria".

Gabirol fährt fort: „Nomen, quod convenientius est sustinenti formam mundi est materia vel hyle, quia nos non consideramus illam nisi exspoliatam forma mundi quae sustinetur in illa; et quia sic accipimus illam in nostra intelligentia, ut parata est recipere formam mundi, tunc conveniens est, ut vocetur materia" [3]).

Einen ähnlichen Gedanken drückt Josef mit den Worten aus [4]): „Obwohl es in Wirklichkeit keine Materie ohne Form giebt, so können wir doch in der Vorstellung die Form abstrahieren und die Materie übrig lassen — weil sie früher ist als die Form —, ein natürliches Vorhergehen".

Nach Gabirol können Materie und Form realiter nicht getrennt sein; insofern kann die Materie weder vor der Form noch die Form vor der Materie existieren [5]). Indes ist auch für Gabirol die Materie als „genus generalissimum" dem Gedanken nach das erste.

---

heiße (eine Lehre, die dem stoischen und Philonischen Sprachgebrauch am nächsten steht; vgl. Baeumker a. a. O. S. 336 ff. 383). Dies scheint auch die Ansicht Josefs zu sein; denn er sagt p. 9,3: „Die Materie ist das für sich Bestehende, die Form das an einem anderen Bestehende".

[1]) Naturanschauung p. 1. u. Logik p. 6.

[2]) f. v. p. 42,20 ff. Vgl. Guttmann S. 228 und S. 225 Anm. 3. Siehe auch f. v. p. 269,20.

[3]) p. 43.

[4]) p. 9.

[5]) Vgl. Guttmann S. 237; f. v. p. 314,18.

Bemerkenswert ist folgende Stelle [1]), welche im Mikrokosmos wegen ihrer Kürze und Zusammenhanglosigkeit nur schwer
verständlich ist: Das Substrat der vier Elemente ist die erste
Materie, welche die Form der Körperlichkeit annimmt und sub-
stanzieller Körper wird [2]).

Was Josef damit sagen will, wird erst klar, wenn man diese
Worte mit f. v. I. cap. 16 vergleicht, wo gleichsam ihr Commentar zu
finden ist. Gabirol sagt nämlich [3]): „Die Elemente, obgleich als solche
von einander verschieden, kommen doch darin mit einander überein,
daß sie Körper sind; mithin ist der Körper die ihnen gemeinsame
Substanz, welche den Formen der einzelnen Elemente als Substrat zu Grunde liegt. Dieser Körper ist jedoch selber eine
Substanz, deren Eigenschaft oder Form die Quantität ist, so
daß das Substrat des Körpers sich zu der Quantität als der von
ihm getragenen Form in gleicher Weise verhält, wie der Körper
selber sich zu den von ihm getragenen Formen der Elemente
verhält. In dieser Weise subsistiert immer eine Substanz in der
andern, bis wir zuletzt zu einer ersten Substanz gelangen, die
das Substrat für alle zwischen ihr und den sinnlich wahrnehm-
baren Formen liegenden Substanzen ist; dies aber ist die erste,
universelle Materie."

Die Stelle ist charakteristisch für die Art und Weise,
in der Josef die Philosophie Gabirol's benutzt. In dem Gedanken-
gange Gabirol's schien ihm manches nicht annehmbar, z. B. die
Subsistenz einer Substanz in der anderen; er schied es daher
aus und behielt nur das Resultat bei, das er dann wie ein
Axiom wiedergiebt.

Was nun die Einteilung der Materie betrifft, so zeigen sich
gewisse Ähnlichkeiten zwischen den Ansichten Josef's und der
l. Brüder.

Diese lehren [4]): Die Materie zerfällt in 4 Arten: Werk-
materie, Naturmaterie, Allmaterie, Urmaterie.

Josef spricht zwar nirgends direkt von einer Einteilung,
er hebt aber [5]) die künstliche (המעשי) und die natürliche (המטבעי)
Materie besonders hervor.

---

[1]) p. 7. Z. 17.
[2]) Vgl. Zeller ⁵ II b. S. 323.
[3]) Siehe Guttmann S. 77.
[4]) Natur-Anschauung 2; Weltseele 7.
[5]) p. 8

Von einer Allmaterie ist zwar bei Josef keine Rede; wir finden jedoch p. 17 Z. 17, wo er den Gegensatz der Form für den Grund der Verwandlung der Elemente ineinander hält, den Satz: „Im Wesen der allgemeinen Substanz ist keine Veränderung und Verschiedenheit" [1]).

Vergleicht man damit den Ausspruch der l. Brüder[2]): „Die Allmaterie ist der absolute Körper, aus dem die Gesamtheit der Welt, nämlich die Himmelssphären, die Sterne, die Elemente und alles Seiende stammt; denn sie alle sind Körper und ihre Verschiedenheit rührt nur von ihren verschiedenen Formen her" — so dürfte sich die Vermutung rechtfertigen, daß bei Josef an dieser Stelle das Wort עֶצֶם (Substanz) im Sinne von חוֹמֶר (Materie) aufzufassen ist (wie οὐσία im Sinne von ὕλη bei den Stoikern und Philo), so daß auch Josef eine Allmaterie angenommen hätte.

Gabirol faßt diese Einteilung schärfer und fügt sie geschickt seinem System ein[3]). Er findet im Bereich der sinnlich-wahrnehmbaren Dinge vier Arten von Materie und vier Arten von Form: 1. die besondere künstliche Materie, 2. die besondere natürliche Materie, 3. die allgemeine natürliche Materie, welche dem Prozeß des Entstehens und Vergehens unterliegt, und 4. die Materie der Himmelssphären. Jeder dieser Materien entspricht aber eine Form, die von ihr getragen wird.

Der Fortschritt in der Lehre Gabirol's ist klar; denn bei bei den l. Brüdern verlautet noch nichts von den den vier Arten der Materie entsprechenden Formen.

Josef hat diese Lehre nicht angenommen, auch die Vorstellung von einer Materie der Sphären scheint ihm fremd geblieben zu sein, obgleich sonst eine Übereinstimmung in der Lehre über die Sphären unleugbar ist.

Josef erklärt nämlich[4]): Obwohl der Körper der Sphären

---

[1]) Der Text des Mikrokosmos ist durch die Nachlässigkeit des Kopisten auch an dieser Stelle corrumpiert. H liest Z. 17 statt נאמר das Wort ואין, eine Lesart, die auch durch O und M bestätigt wird. Für בעצם liest O בעיצום.

[2]) Naturanschauung p. 2.

[3]) f. v. p. 21. Vgl. Guttmann S. 78.

[4]) Mikrokosmos p. 10. Dasselbe sagt auch Plotin. Vgl. Zeller [3] III b. S. 566.

sich hinsichtlich der Form und Materie von den anderen Kör-
pern unterscheidet, ist er doch ein Körper, aber er ist vermöge
seiner Beschaffenheit weder vergänglich, noch verändert er seine
Natur, wie sie Gott geschaffen hat [1]).

Auch die der geistigen und körperlichen Materie vorauf-
gehende Urmaterie als Substrat der allgemeinen Form, eine für
Gabirol höchst charakteristische Lehre, dürfte Josef fremd sein.
Die Kürze der Ausführungen und die mehr populäre Dar-
stellungsweise Josefs machen es begreiflich, daß er kaum
einer Hauptfrage der Philosophie Gabirol's hinsichtlich der Materie und Form näher getreten ist. Wie sich Materie und Form
verbinden, wie sie im Wissen Gottes für sich existieren, wie
sie begrenzt sind — alles dies berührt er mit keinem Worte.

Aber er konnte es auch nicht thun, denn er bleibt überall
seinem Prinzip, knapp und kurz zu schreiben, treu; außerdem
würde ja auch der Anfänger, für welchen das Buch geschrieben ist, in dieser Form unmöglich die tiefsinnigen Ausführungen Gabirol's verstehen.

§. 9.
Die Lehre vom göttlichen Willen [2]).

Die Frage vom göttlichen Willen scheint Josef außerordentlich beschäftigt zu haben, wenn er auch hierin sehr zurückhaltend ist. Die Ansichten der Philosophen, die sich hierüber
äußerten, genügten ihm nicht. [3])

Er befaßte sich zunächst mit folgendem Dilemma: Hat
Gott von Ewigkeit her gewollt, so hat er von Unendlichkeit an
geschaffen; (denn so wie Gott will, schafft er); daraus folgt
Ewigkeit der Welt.

---

[1]) p. 17. Z. 7. Die Unvergänglichkeit schreibt er dem Umstande zu,
daß Gott ihnen auf einmal Vollendung gegeben hat: daher sage der Philosoph, daß sie unvergänglich seien, denn ihr Anfang und ihr Ende fielen zusammen.

Josef schreibt den Sphären auch (p. 11) die höchste Gotteserkenntnis
zu. Plotin a. a. O. erkennt ihnen jedoch kein Wissen zu.

[2]) Mikrokosmos p. 51 und 52. Vgl. die ausführliche Erörterung bei
Kaufmann: Attributenlehre S. 303 ff.

[3]) p. 57.

Nehmen wir aber an, er habe geschaffen, nachdem er einmal nicht geschaffen, dann muß der Wille dazu neuerdings in ihm entstanden sein, und wir haben dann Geschaffenheit in sein Wesen hineingetragen.

Mit Willen hat offenbar doch Gott geschaffen, weil er doch nicht schaffen würde, was er nicht will.

Dies Dilemma aber: Ewigkeit des Geschaffenen oder Geschaffenheit des Ewigen — läßt sich folgendermaßen lösen.

Gott schafft zeitlos. So lange es keine geschaffene Welt, keine Sphären resp. deren Umläufe gab — denn Zeit ist die Anzahl der Umläufe, welche die große Sphäre in ihren einzelnen Teilen zurücklegt —, kann von Zeit nicht die Rede sein. Ewigkeit der Welt resp. des Geschaffenen können wir somit nicht annehmen. Ebensowenig aber kann man nach dieser Erklärung sagen: Gott habe geschaffen, nachdem, d. h. in der Zeit, nach der er nicht geschaffen. Daß in Gott der Wille zur Weltschöpfung einmal gleichsam erwacht sei, können wir nicht annehmen; vielmehr müssen wir der Ansicht sein, daß der Wille von Ewigkeit her in Gott besteht und zu seinem ewigen Wesen gehört. So wenig es vor der Schöpfung ein Früher oder Später gab, ebenso giebt es zwischen Gott und dem Geschaffenen weder Zeit noch Raum, weder Verhältnis noch Zusammenhang oder Unterschied oder irgend eine Beziehung. Die Welt ist also nicht mit der Zeit, sondern die Zeit mit der Welt entstanden [1]).

Wenn nun aber Gott die Welt mit dem Willen geschaffen hat, warum wird da die Ansicht der Mutakallimun, daß Gott die Welt mit einem geschaffenen Willen hervorgebracht hat, erst bestritten? Die Antwort lautet: Ein geschaffener Wille ist nicht anzunehmen, denn anstatt den Willen hätte Gott ja gleich die Schöpfung hervorbringen können.

Geschaffenheit des Willens anzunehmen, hieße ferner Geschaffenheit in das göttliche Wesen hineinbringen.

Der Wille ist als mit Gott gleich ewig anzunehmen; er ist nicht außer ihm, sondern fällt mit ihm durchaus zusammen. Er ist nichts anderes als Gott selbst, ohne doch darum in das göttliche Wesen Veränderlichkeit zu bringen.

---

[1]) Vgl. Weltseele 148 u. Kaufmann a. a. O. S. 307 Anm. 149.

Dies ist in aller Kürze die Lehre Josefs vom göttlichen Willen.

Beer [1]) meint, daß diese Ausführung „wahrscheinlich" gegen Gabirol gerichtet sei — während sie thatsächlich gegen die Mutakallimun polemisiert.

Kaufmann [2]) bemerkt bereits gegen Beer, daß Josef sich viel mehr zu Gabirol's Lehre vom Willen bekannt zu haben scheine. Auch diese Ansicht ist nur teilweise richtig.

So viel steht fest, daß Gabirol und Josef aus derselben Quelle — nämlich aus dem Pseudo - Empedocles [3]) — geschöpft haben.

Josef verweist auf ihn ausdrücklich (p. 52 Z. 26), und Falaqera nennt ihn ebenfalls als Quelle des Gabirol [4]).

Rein äußerlich besteht zwischen der Lehre Gabirol's und der Josefs die Übereinstimmung, daß sie den Willen ein „Geheimnis" nennen [5]).

Gabirol erklärt den Willen folgendermaßen : Der Wille ist, wenn man von seinem Wirken absieht, mit dem ersten Wesen identisch, verschieden vom ersten Wesen ist er nur, wenn man ihn in Verbindung mit seinem Wirken, d. h. der Verbindung von Materie und Form, betrachtet und zwar deshalb, weil er dann beim Beginn der Schöpfung eine Begrenzung erfahren hat [6]).

Der Wille durchdringt alles ohne Bewegung und wirkt alles ohne Zeit wegen seiner großen Kraft und Einheit [7]).

---

[1]) Frankel's Monatsschrift Bd. 3. S. 200.

[2]) a. a. O. S. 310. Anm. 156.

[3]) Von Empedocles überliefert uns Schahrastani (Übersetzung von Haarbrücker II, S. 91): „Er behauptete, daß der Schöpfer die Formen hervorgebracht habe, nicht nach Art eines entstandenen Willens, sondern derartig, daß er lediglich Ursache sei, indem er das Wissen und der Wille sei," d. h. also daß der Wille mit ihm eins sei. Ferner das. S. 127, wo eine Ansicht von Thales und Empedocles berichtet wird: „Die Form des Willens ist bei dem Hervorbringenden da, ehe er hervorbringe."

[4]) Vgl. Munk: Mélanges p. 3,1.

[5]) f. v. p. 46,13 magnum secretum und p. 47,4 secretum voluntatis; Mikrokosmos p. 52 Z. 25 סוד דק.

[6]) M'kor chajim V. §. 59. f. v. V. c. 37.

[7]) f. v. p. 219,8.

Josef hebt aus dieser Erörterung zwei Punkte besonders heraus. „Gott hat die Welt mit seinem Willen zeitlos geschaffen; der Wille ist mit Gott identisch — ganz wie Gabirol erklärt [1]).

Wenn aber Gabirol den Willen als ein Mittleres zwischen Gott und der dem Willen entströmten Form bezeichnet [2]), so kann dies Josef deshalb nicht annehmen, weil er von seinem orthodoxen Standpunkt aus ein „Mittleres" nicht rechtfertigen kann.

Für Josef ist es auch belanglos, daß der Wille ohne Bewegung alles durchdringt und zuletzt noch zur Bewegung wird; er scheidet diese Ansicht aus, wie wir denn überhaupt finden, daß er das Prinzip der Bewegung — auf das Gabirol so großes Gewicht legt — consequent aus seiner Philosophie verbannt hat.

Vielleicht will Josef diese Verschiedenheit seiner Meinung begründen, wenn er sagt [3]): „Der Wille fällt mit Gott durchaus (מכל צד von jeder Seite, d. h. sei es, daß wir ihn an sich, oder als wirkendes Prinzip betrachten) zusammen, er ist keineswegs etwas anderes als Gott." Und ferner [4]): „Zwischen Gott und dem Geschaffenen giebt es weder Zeit noch Raum, noch irgend ein Verhältnis".

§. 10.
Emanation und Mittelsubstanzen.

In der neuplatonischen Philosophie [5]) hat die Lehre von der Emanation eine ganz hervorragende Bedeutung. Auch von den Arabern, z. B. von Alfarabi [6]) und Ibn Sina [7]), wurde sie frühzeitig angenommen. Bei den l. Brüdern spielte sie eine wichtige Rolle — alle ihre Schriften handeln von ihr.

---

[1]) Wir erörtern die Lehre Gabirol's nur, soweit sie für den Vergleich mit Josefs Mikrokosmos in betracht kommt.

[2]) Siehe Guttmann S. 196 und S. 252.

[3]) Mikrokosmos p. 52.

[4]) ebdas.

[5]) vgl. Zeller [3]III b. S. 506 ff.

[6]) Ritter: Geschichte der christ. Philosophie S. 8.

[7]) Das. S. 22, 23.

Auch bei den spanischen Juden muß diese Lehre sehr verbreitet gewesen sein. Die Art und Weise, wie Gabirol ohne Darlegung und Begründung sie als bekannt voraussetzt, rechtfertigt die Ansicht Munk's [1]), daß diese Lehre eine ausgedehnte Verbreitung in Spanien gefunden hat.

Josef stellt sich zur Emanation sehr zurückhaltend; aus den wenigen Andeutungen, die wir im Mikrokosmos finden, könnte man eher schließen, daß er dieser Lehre seine Zustimmung nur sehr bedingt giebt.

Nur an zwei [2]) Stellen, die aber in enger Beziehung zu einander stehen, spricht er von einer Emanation. „Die Vernunft geht aus der Schöpferschaft Gottes unmittelbar hervor. Die Substanz ihrer Welt ist das reine Licht und der lautere Strahl. Gott verlieh der Vernunft Unendlichkeit und Vollkommenheit. Würde er einen Augenblick aufhören, seine Güte auf die Welt ausströmen zu lassen (להשפיע), so sänke sie in ihr Nichts zurück."

Es ist consequent von Josef gedacht, wenn er die Emanation bei der Vernunft nunmehr still stehen läßt; denn die l. Brüder lassen von der Vernunft einen Erguß auf die Allseele [3]) und von dieser auf die Urmaterie ausgehen. Da Josef nämlich eine Urmaterie nirgends erwähnt, mithin auch wohl nicht gelehrt hat [4]), so konnte er füglich die Emanation nicht bei ihr enden lassen. Sie steht daher schon bei der Vernunft still.

Jedenfalls ersehen wir daraus, daß Josef wohl die Lehre von der Emanation gekannt, indes wenig benutzt hat. Ich bemerke, daß ich das Wort Emanation hier in dem weiteren Sinne gebrauche, in dem es auch eine Emanation „der Kraft nach" — wie bei den Neuplatonikern allgemein — bedeutet.

Was Josefs Ansicht hinsichtlich der sog. Mittelsubstanzen anlangt, so läßt sich aus den wenigen Stellen deutlich erkennen, daß er ein entschiedener Gegner der Annahme derselben ist.

Bei der Behandlung der animalischen Seele haben wir bereits darauf hingewiesen, daß er dieselbe als ein Mittleres

---

[1]) Mélanges 260.
[2]) p. 37 u. 40.
[3]) Weltseele S. 24.
[4]) S. S. 46.

zwischen Seele und Leib — wie es Gabirol thut — nicht erwähnt [1]).

Nur an einer Stelle [4]) giebt er seinen Standpunkt klar zu
erkennen. Die zweimalige, kurz auf einander folgende Wieder-
holung des Ausdrucks (בלי אמצעות ohne Mittelsubstanzen)
scheint eine Polemik gegen Gabirol zu sein, der ja auf die
Annahme der Mittelsubstanzen so außerordentlich viel Gewicht legt [3]).

Josef sagt nämlich: Weil der Schöpfer die intelligible
Welt ohne Mittelsubstanzen geschaffen hat und ihr Vollkommenheit auf einmal gegeben hat und auf sie das wahre Licht ohne
Mittel ausströmen läßt, darum trifft sie keine Veränderung
und kein Mangel; sie hat auch kein Bedürfen, wie z. B.
der Körper, der des Raumes, der Zeit und aller Accidentien
bedarf."

Josef begründet seinen Standpunkt nicht; jedoch läßt
sich wohl annehmen, daß er aus religiösen Gründen einer
Annahme von Mittelsubstanzen seine Zustimmung versagt habe,
da eine solche möglicherweise einen Zweifel an der Allmacht
Gottes aufkommen lassen konnte.

---

[1]) Siehe auch „Die Lehre vom Willen".

[2]) p. 40.

[3]) Im dritten Tractate führt Gabirol eine Unmenge Beweise für dieselben an. Auch die l. Brüder kennen die Mittelsubstanzen. Vgl. Weltseele
p. 26 und sonst.

Namen-Register.